LA UTILIDAD DE LO MINÚSCULO

Informalidad y microempresa en México, Centroamérica y los países andinos

CENTRO DE ESTUDIOS INTERNACIONALES

LA UTILIDAD DE LO MINÚSCULO

Informalidad y microempresa en México, Centroamérica y los países andinos

Carlos Alba Vega y Dirk Kruijt

Jornadas, 125
EL COLEGIO DE MÉXICO

308
J88
no.125

Alba Vega, Carlos.
La utilidad de lo minúsculo : informalidad y microempresa en México, Centroamérica y los países andinos / Carlos Alba Vega y Dirk Kruijt. - - México : El Colegio de México, Centro de Estudios Internacionales, 1995.
193 p. ; 17 cm. - - (Jornadas ; 125)

ISBN 968-12-0627-4

1. Sector informal (Economía política)-Hispanoamérica. 2. Industria, Pequeña-Hispanoamérica. 3. Industria, Pequeña-México. 4. Pobreza-Hispanoamérica. I. Kruijt, Dirk, coaut.

Portada de Mónica Diez-Martínez
Fotografía de Gerardo Fischer

Primera edición, 1995

ISBN 968-12-0627-4 (versión original)
978-968-120-627-7 (versión facsimilar)

Impreso en México/*Printed in Mexico*

ÍNDICE

PRESENTACIÓN

Estos ensayos están orientados a examinar un tema de gran importancia para las sociedades latinoamericanas: el sector informal y la microempresa. Es importante porque permitió que grandes contingentes de la población de estas sociedades hayan podido sobrevivir por sí mismos en los momentos más difíciles de la crisis de los años ochenta, cuando el Estado emprendió el ajuste y la reforma estructural, y el sector privado restructuró el aparato industrial.

Ante el grave problema del desempleo, la economía de los pobres ha mostrado una extraordinaria capacidad de echar mano de sus recursos para salir adelante, aunque a costa de imponer a sus miembros mayores cargas, tales como el multiempleo para los hombres, la doble jornada de trabajo para las mujeres y la ocupación infantil. Todo en el marco del aprovechamiento de los recursos de la pobreza, las redes de solidaridad, la ayuda mutua y, sobre todo, la utilización de la familia como base de la unidad de producción y de consumo.

En todo el mundo se ha revalorado la importancia de la pequeña producción al observar que en las últimas décadas, aun en las economías avanzadas, es la que ha observado mayor dinamismo y capacidad de generar ocupación.

Una de las características fundamentales del mercado de trabajo y de la pequeña empresa en América Latina, es su heterogeneidad. Existe una pequeña fracción de establecimientos con capacidad de acumular y de innovar, constituida por una capa superior de empresas; esa élite de los pequeños industriales que bien puede ubicarse dentro de la llamada especialización flexible. Éstos son capaces de asociarse entre sí o con otros mayores y pueden contribuir al crecimiento. A su lado, está la inmensa mayoría, constituida por establecimientos formales o informales, con capacidad de sostenerse y de sobrevivir, no de acumular ni de expandirse; en ellos se reproduce la pobreza. Por tal motivo, al hablar de microempresa en este volumen, pueden proyectarse visiones distintas, dependiendo del tipo de establecimiento del que se esté hablando.

El objetivo principal de este libro es proponer a la discusión y a la reflexión el problema de la dualidad estructural de la sociedad, motivo de un largo debate tanto en Europa como en América Latina. Se trata de un problema que no es de carácter coyuntural, sino de larga duración. De él se deriva un conjunto de preguntas centrales que articulan y dan coherencia a los capítulos. ¿Cómo conceptuar fenómenos tan complejos como el de la heterogeneidad de esta nueva categoría social? ¿Cómo se explica el surgimiento y cuál es la composición de este sector que empezó por ser considerado como "tradicional", después, "marginal" y, finalmente, como "informal"? El capítulo I, "Pobreza, empleo y sector informal", aborda estas cuestiones.

¿La categoría de la informalización se restringe al ámbito de la economía o abarca también los campos social y político, es decir, a una sociedad paralela, híbrida, con su propia idiosincrasia? Este tema será discutido en el capítulo II, "La sociedad informal", donde se observa que muchas actividades sociales y políticas, no son sólo acciones de privatización por parte del Estado, sino en muchos casos son signos de "informalización".

¿Cuál es la lógica del funcionamiento y cuáles son las reglas del juego de la microempresa, unidad económicosocial fundamental de la informalidad? En el capítulo III, "La utilidad de lo minúsculo: el significado de las micro y pequeña industrias", se examinan algunas de las principales relaciones hacia adentro y hacia afuera de las pequeñas unidades productivas.

¿Cómo se vinculan las economías formal e informal a la hora de la globalización? ¿Qué efectos tiene para la pequeña producción la apertura comercial de un país como México, en proceso de transición hacia una zona de libre comercio con Estados Unidos y Canadá? En el capítulo IV, "La microindustria mexicana ante la liberación económica y el Tratado de Libre Comercio de América del Norte, tratamos de responder a estas preguntas.

¿Qué políticas sociales se están diseñando en América Latina para combatir o mitigar la pobreza y promover ciertas actividades productivas en la llamada economía de los pobres? El capítulo V, "Programas de intervención masiva contra la pobreza en América Latina", presenta algunas de las acciones más importantes que se han emprendido en diversos países de América Latina para apoyar a la microempresa y al sector informal.

Este conjunto de interrogantes pretende tener una unidad temática, un eje conductor que sintetiza el trabajo de investigación y consultoría de los autores, finalizado en El Colegio de México y la Universidad de Utrecht, en Holanda.

El conjunto de textos se presenta con diferentes enfoques y niveles diversos de precisión conceptual y sustento estadístico. Realizados en diferentes momentos, algunos se basan en resultados de encuestas; otros son fruto de entrevistas. En la medida de lo posible, se ha pretendido ofrecer una visión comparativa entre distintos países.

I. POBREZA, EMPLEO Y SECTOR INFORMAL

Carlos Alba Vega y *Dirk Kruijt*

Uno de los problemas más importantes y de largo plazo para las sociedades latinoamericanas está constituido por la pobreza. En estos países ser pobre es sinónimo de desnutrición, enfermedades crónicas, mortalidad infantil, insalubridad, falta de vivienda y servicios básicos, analfabetismo e inseguridad física. El problema de la pobreza está relacionado directamente con el empleo y el desempleo: con el mercado de trabajo.

La pobreza en América Latina y su interpretación teórica

En América Latina, la modernización económica de algunos sectores agrícolas o industriales y el crecimiento demográfico han puesto a la luz, con mayor claridad, este problema. En tiempos de auge (los de los años posteriores a la segunda guerra mundial) o de crisis (durante los años ochenta), en países con relativa paz social (entre ellos, Costa Rica), o con guerra y violencia internas (Guatemala, El Salvador, Nicaragua, Colombia y Perú), para hoy y para mañana, el principal desafío al que se enfrenta la población adulta, y sobre todo los jóvenes, es encontrar una solución para su pobreza, un empleo estable con remuneración, suficiente para vivir y para satifacer sus necesidades básicas. Por eso han dejado sus campos y pueblos, cuando no sus países, para concentrarse en las grandes ciudades, en las capitales, o en Estados Unidos. Según los cálculos de la CEPAL, para mediados de la década de los ochenta, la incidencia de la pobreza y de la pobreza extrema en algunos países era la siguiente: Argentina (9 y 3%, urbana), Colombia (35 y 14%, urbana), Guatemala (68 y 43%, total), México (42 y 17%, total), Panamá (34 y 16%, total), Perú (53 y 30%, total), Uruguay (15 y 3%, urbana) y Venezuela (31 y 11%, total).1

Gran parte de las preocupaciones de los investigadores sociales, de los gobiernos de muchos países y de organismos internacionales, han estado orientadas a averiguar ¿por qué es un problema, en qué consiste, cómo se origina, a través de qué medios se expresa?, y lo más difícil, ¿cómo se puede resolver?[2]

[1] CEPAL, *Magnitud de la pobreza en ocho países de América Latina en 1986*, Santiago de Chile, 1989 (mimeografiado).

[2] Algunos de los trabajos en que se discute este problema son los siguientes, CEPAL, *Magnitud de la pobreza, op. cit; México. Infor-*

Desde los años cincuenta tienen lugar los primeros esfuerzos teóricos y empíricos por explicar la dinámica del mercado de trabajo de sociedades que cambian vertiginosamente de rurales a urbanas. Su heterogeneidad es tan grande, así como su deterioro social y económico, que se cuestiona si se trata más de una ruralización de las ciudades que de una urbanización del campo.

Para la teoría de la modernización, corriente predominante de esta época, el asunto se planteó en términos duales. Al considerar una sociedad dividida en un sector moderno capitalista, predominantemente urbano e industrial y otro tradicional, o de subsistencia, generalmente rural, el problema consistía en que el sector moderno, que estaba creciendo rápidamente, lograse absorber con su economía, su cultura y su política, al sector tradicional.

La industrialización generó tres grandes expectativas; en primer lugar, se esperaba que el progreso

---

mación sobre la pobreza, México, 1989; Julio Boltvinik y Enrique Hernández Laos, *La pobreza y las necesidades esenciales en América Latina. El caso de México*, Programa de las Naciones Unidas para el Desarrollo-UAM (mimeografiado); Enrique Hernández Laos, "Nota sobre la incidencia de la pobreza y de la pobreza extrema en México", *Foro Internacional*, vol. XXXI, núm. 3 (123), enero-marzo de 1991, pp. 482-493, y Fernando Cortés y Rosa María Rubalcava, *Autoexplotación forzada y equidad por empobrecimiento*, México, El Colegio de México, 1991, y Julio Boltvinik, *Pobreza y necesidades básicas; conceptos y métodos de medición*, Caracas, PNUD, Proyecto Regional para la Superación de la Pobreza, 1990, 64 p.

técnico irradiara beneficios crecientes a su alrededor y que a la larga provocara la integración económica de esos sectores inconexos. Sin embargo, surgieron nuevos desequilibrios internos entre las actividades económicas y al interior de cada una de ellas, entre las regiones rurales y las grandes ciudades y al interior de ellas, y entre las clases y los grupos sociales.

En segundo lugar, se pensaba que con la industrialización aparecerían los sectores medios de la sociedad, que serían un apoyo a la construcción de formas democráticas de gobierno. Sin embargo, América Latina vivió varias décadas bajo el impulso de gobiernos militares y el autoritarismo ha cobrado nuevas formas.

En tercer lugar, se creía que la industrialización por la vía de la sustitución de importaciones, con los mercados cerrados y los subsidios estatales, daría nacimiento a un empresariado nacional con vocación hegemónica. No obstante, los sectores dinámicos de la industria no estuvieron en manos de estos empresarios, ni las decisiones se tomaron dentro de estos países; nacieron nuevas y más graves modalidades de dependencia internacional que culminaron con la crisis de la deuda a principios de los ochenta.

Por lo tanto, el relativo crecimiento industrial que experimentó América Latina en las décadas anteriores a su gran crisis, no cambió en lo fundamental la calidad de la vida social, económica y política. Los grandes sectores de la población, aunque se hubieran desplazado a las grandes ciudades, siguieron siendo cada vez más numerosos y carentes de satisfactores básicos, de empleo remunerado y seguro, de educación, vivienda, salud y otros servicios. Se empezó a hablar entonces de los pobres desde una nueva categoría conceptual: los marginados, los que no estaban siendo incorporados al proceso de modernización.

El Centro para el Desarrollo Económico y Social de América Latina (DESAL) hizo un esfuerzo por explicar el problema, desde los años sesenta.[3] Para el DESAL, se originaba por el colonialismo y consistía en la superposición de culturas. Los marginales tenían dos características básicas: la falta de participaciones pasiva y activa y la desorganización interna. Por su carencia de participación pasiva, no recibían los beneficios que obtenían los sectores modernizantes (empleo, alimentación, vivienda, educación, salud, transporte y recreación). Su carencia de participación activa estaba referida a su ausencia en el ámbito de las decisiones, de la voz y del voto. Como se trataba de grandes masas sociales que abandonaban el campo y llegaban a un nuevo hábitat, y que

[3] DESAL, *Poblaciones marginales y desarrollo urbano: el caso chileno*, Santiago de Chile, 1965; DESAL, *América Latina y desarrollo social*, 2 tomos, Santiago de Chile, 1966, y Roger Vekemans e Ismael Silva Fuenzalida, *Marginalidad en América Latina*, Barcelona / Santiago de Chile, Editorial Herder/DESAL, 1969.

carececían de empleos institucionalizados, se consideró que otro rasgo que definía a los marginales era su desorganización interna. Coincidiendo en esto con algunas corrientes de la izquierda ortodoxa, se consideró que era necesaria una acción desde arriba para organizarlos a través del extensionismo oficial, privado o universitario, o de la promoción social. Así nacieron los programas de desarrollo de la comunidad para tratar de resolver problemas de servicios básicos, como drenaje y alcantarillado, higiene y salud, autoconstrucción de vivienda, organización de productores a pequeña escala para conseguir créditos, para producir o para comercializar.

Muy pronto, la posición del DESAL fue criticada, más por las limitaciones de su marco teórico que por su capacidad descriptiva. Desde la perspectiva de la teoría de la dependencia, que tuvo su auge en los años setenta, la teoría de la marginalidad[4] hacía descansar las explicaciones del problema en las características individuales, culturales y psicosociales de los pobres, cuando lo que había que observar era

[4] Fernando Henrique Cardoso, *Participaçao e marginalidade. Notas para una discussao teórica*, Rio de Janeiro, Paz e Terra, 1969; Aníbal Quijano, "The Marginal Pole of the Economy and the Marginalized Labour Force", en *Economy and Society*, III, 1974, pp. 393-425; José Nun, *La marginalidad en América Latina*, informe preliminar, Buenos Aires, Instituto Torcuato di Tella, Centro de Investigaciones Sociales, 1968, y José Nun, *Superpoblación relativa, ejército industrial de reserva y masa marginal*, Santiago de Chile, Centro Latinoamericano de Demografía, 1971.

el fenómeno y la estructura social y económica en su conjunto, y la incapacidad del sistema productivo para incorporar a esa masa de migrantes desocupados. Más aún, la marginalidad sería el resultado inherente a la expansión de los sistemas productivos de la periferia como resultado de su dependencia de los países capitalistas centrales. Así, algunos teóricos introdujeron la categoría de la marginalización en lugar de la marginación, para caracterizar este fenómeno estructural, constituido por una población que era disfuncional para el propio sistema. Esta perspectiva analítica, también dualista, al concebir un polo capitalista dominante y otro sector marginal, era completamente distinta a la anterior, y por lo tanto, también lo eran sus consecuencias políticas.

Desde entonces nació una viva polémica que no ha dejado de crecer en torno a la relación entre los dos sectores, y en general, en torno a la heterogeneidad del sistema productivo y del mercado de trabajo. ¿Se trata de dos sociedades desvinculadas entre sí? ¿Existe una articulación orgánica o simbiótica entre la sociedad y la economía dinámica o moderna y la marginal o de subsistencia? En otras palabras, ¿se trata de una estructura única, sistémica, en donde lo arcaico, lo primitivo, lo de subsistencia y lo marginal forman parte inherente de lo nuevo, de lo moderno y de lo dinámico? ¿Qué papel tiene la marginalidad en el proceso de formación de la riqueza? ¿Transfiere el sector de subsistencia, excedentes a la estructura dinámica o permanece aislado, autorreproduciéndose? No existe un acuerdo sobre este problema, pero algo es seguro: no se trata de un fenómeno coyuntural. Es un problema de muy larga duración que no ha dejado de crecer.

Los pobres de América Latina, como los de otros continentes, han mostrado una infinita gama de alternativas de las que echan mano para producir, sobrevivir y reproducirse. Desde principios de los años setenta, la Organización Internacional del Trabajo (OIT) popularizó el nuevo nombre con el que se les conoce: sector informal, por oposición, nuevamente dual, a un sector formal. El enfoque del modelo formal-informal ha sido también criticado, no tanto por ser dualista o por impreciso, cuanto por la gran dificultad para distinguir las unidades que pertenecen a uno y otro sectores. En efecto, para diferenciar entre formal e informal se ha recurrido a definiciones que involucran varios criterios simultáneos, económicos, sociales y jurídicos. Sin embargo, el término ha ganado aceptación en el mundo entero y se ha tratado de aplicar a realidades muy diversas, tanto en los países subdesarrollados como en las sociedades avanzadas. Esto mismo ha conducido a que la categoría analítica se torne oscura, imprecisa o, en todo caso, polisémica.

Para algunos investigadores, la informalidad es una manera comúnmente precaria de hacer las cosas que por lo general recurre a trabajo no asalariado. Su origen provendría de la incapacidad del sistema económico para ocupar al excedente de mano de obra.[5] Otros, en cambio, hacen énfasis en que este sector comprende diversas formas de subcontratación por medio de las cuales el capital se libera del cumplimiento de sus obligaciones legales. Para ellos, la incapacidad que tienen las economías de generar un empleo estable para la creciente población que lo busca, se debe a la restructuración de la economía mundial, basada en nuevas tecnologías y también en una nueva división territorial del trabajo.[6]

El problema de la definición del sector informal es tan grande que no se sabe a ciencia cierta cuál es su unidad de observación, si el individuo, la familia o la unidad económica (el establecimiento). Aun acotando el uso del término únicamente para los establecimientos económicos, resulta que en una

[5] Víctor E. Tokman, "El sector informal: quince años después", en PREALC, *Documentos de Trabajo,* Santiago de Chile, Organización Internacional del Trabajo, 1987; Emilio Klein y Víctor Tokman, "Sector informal: una forma de utilizar el trabajo como consecuencia de la manera de producir y no viceversa. A propósito del artículo de Portes y Benton", *Estudios Sociológicos*, vol. VI, núm. 16, enero-abril, 1988, pp. 205-212, y Cecilia López M., "Informal Sector, as in PREALC", en PREALC; *World Employment Program, Working Papers,* Santiago de Chile, núm. 349, agosto, 1990.

[6] Alejandro Portes y Lauren Benton, "Desarrollo industrial y absorción laboral: una reinterpretación", *Estudios Sociológicos*, vol. 5, núm. 13, enero-abril, 1987, pp. 111-137, y Alejandro Portes, Manuel Castells y Lauren A. Benton (eds.), *The Informal Economy: Studies in Advanced and Less Developed Countries*, Baltimore, The Johns Hopkins University Press, 1989.

misma unidad coexisten personas o áreas que pueden distinguirse como formales y otras como informales, según criterios de las condiciones de empleo como los bajos salarios, la seguridad social y el registro fiscal. Además, suele agruparse como informales a establecimientos de cierto tamaño, por ejemplo, los que tienen un máximo de cinco, diez o quince trabajadores. Sin embargo, en muchos casos el tamaño no significa un cambio cualitativo en la lógica de producción o en las características internas del establecimiento. Por tales razones, muchos estudiosos del problema han decidido no utilizar esta noción de informalidad, aunque se consagren al estudio de las unidades económicas de pequeña escala y del trabajo no asalariado.[7]

Sea como fuere, el fenómeno que abordaremos en este libro bajo los términos indistintos de sector informal, sector no estructurado, economía subterránea o trabajo por cuenta propia, alude al mundo de los pobres y a sus estrategias para subsistir. Se trata de una multiplicidad de formas de producción, de organización y de consumo que tienen acaso como único factor común la heterogeneidad. Si hubiera que clasificarlas en un modelo dual, sería

[7] Una discusión sobre esta categoría se encuentra en el trabajo de Teresa Rendón y Carlos Salas, "El mercado de trabajo no agrícola en México. Tendencias y cambios recientes", en Centro de Estudios Sociológicos, *Ajuste estructural, mercados laborales y TLC*, México, El Colegio de México / Fundación Friedrich Ebert / El Colegio de la Frontera Norte, 1992, pp. 13-31.

necesario decir que estas empresas de pequeña escala obedecen a dos lógicas, la de subsistencia que son la inmensa mayoría, y la de reproducción simple con capacidad de acumulación, que constituyen la élite de los microempresarios.

En los primeros establecimientos, el propósito del proceso de producción no es la maximización de las utilidades, como ocurre en una empresa capitalista, sino el equilibrio y la subsistencia. Por esa razón sus dueños, gran parte de los cuales son mujeres, optan algunas veces, por las vías menos riesgosas y emprendedoras. Llegan a negarse, por ejemplo, a solicitar o a aceptar créditos, o a adquirir algún equipo que pudiera brindarles mayores ganancias. Los menores riesgos asumidos en una situación de tal pobreza garantizan la prioridad fundamental: la sobrevivencia y la reproducción de la familia. El hecho de que la mayoría de las mujeres que trabajan por cuenta propia en el sector informal disponga de establecimientos de subsistencia tiene que ver con la primacía de la lógica reproductiva, que ha sido el papel fundamental del trabajo femenino. Es frecuente observar que cuando las mujeres son dueñas de microempresas orientadas por una lógica de acumulación productiva, la unidad reproductiva tiende a debilitarse y a romperse.

El segundo tipo de establecimiento, aun partiendo del mismo nivel económico que los de subsistencia, está generalmente en manos de varones, se orienta a otros fines, asume mayores riesgos y logra superar las restricciones impuestas por sus precarios capital y trabajo. Gracias a ciertos factores, entre los que pueden destacarse las relaciones sociales y políticas de los empresarios, pero, en especial, en razón de su calificación y organización, logran movilidad social y económica, y se convierten en ejemplos de que el sector informal puede constituir una transición hacia actividades modernas y formales. En cierto modo, el sector informal, con su mera presencia, brinda argumentos a la posición liberal que lo observa como la prueba, desde abajo, de la necesidad de que existan los mercados libres.

Puede distinguirse que en sus 20 años de existencia, esta noción de informalidad ha despertado al menos dos expectativas. La primera, correspondiente a los años setenta, tendió a caracterizar al sector informal como un proceso en transición, constituido principalmente por migrantes rurales pobres, jóvenes y mujeres, que llegaban a ese sector en espera de incorporarse a las actividades formales. La segunda, está mediada por la crisis económica de los años ochenta. Se desvanece la expectativa de la transición hacia la formalidad y en su lugar aparece la idea de que es también una transición de la formalidad hacia la informalidad. Las reformas del Estado, las privatizaciones, el retiro de los subsidios, la apertura de los mercados y, en general, el ajuste y las políticas neoliberales engendran a los nuevos pobres, muchos de ellos constituidos por capas medias de la población, provenientes de organismos y empresas públicas y privadas. Al fenómeno de la informalización ampliada corresponde otro, el de la salarización restringida. Esto significa que el proceso de proletarización de la población latinoamericana tiende a decrecer en favor de los trabajadores por cuenta propia, y que el empleo asalariado crece menos, en forma proporcional, que el no asalariado.

El sector informal, los pobres que trabajan por cuenta propia, constituye la muestra fehaciente del fracaso que han tenido los estados nacionales como agentes de desarrollo. Ni el sistema económico privado moderno ni las políticas públicas, en especial las de sustitución de importaciones o las sociales, han sido capaces de ofrecer alternativas viables para la población. Se puede no estar de acuerdo con muchas de las interpretaciones que Hernando de Soto ha hecho del sector informal como economía privada de los pobres,[8] con la carga ideológica y las consecuencias políticas que de ahí se derivan. Sin embargo, su contraste entre la naturaleza opresiva del mercantilismo estatal y la fuerza liberadora del empresariado popular tiene el mérito de haber hecho una crítica severa de la burocracia estatal y de haber difundido en amplios sectores de la opinión pública, la existencia de esta nueva sociedad informal en la que los propios pobres han creado su

[8] Hernando de Soto, *El otro sendero*, Lima, El Barranco, 1986.

trabajo y sus medios de sobrevivencia.[9] No faltan las posiciones de quienes a partir de ideologías predeterminadas quieren utilizar al sector informal para presentarlo sólo como una resistencia al Estado interventor y corrupto.

Sería equivocado responsabilizar exclusivamente a las políticas de ajuste de la existencia del sector informal. Con otros nombres, existe desde hace mucho tiempo, pero cobró fuerza justo cuando crecieron la distancia y la desigualdad entre las actividades económicas, los espacios regionales y las categorías sociales. Sin embargo, es cierto que la crisis de los ochenta y las políticas de ajuste exacerbaron y profundizaron este proceso de informalización. Lo hicieron por medio de la reforma del Estado, del recorte del gasto público y de la liberalización de la economía. Si durante la posguerra y varias décadas, en muchos países latinoamericanos los salarios reales no aumentaron, el Estado cumplió con una función compensatoria al aumentar el gasto social en actividades como la educación y la salud. A partir del agotamiento del modelo de sustitución de importaciones, con la crisis y la restructuración industrial, las tendencias recientes en el mercado de

[9] Para un análisis crítico de la obra de Hernando de Soto, *El otro sendero*, puede consultarse el trabajo de Laurence Withhead: "Algunas reflexiones sobre el 'Estado' y el sector informal", *Revista Mexicana de Sociología*, vol. LI, núm. 3, julio-septiembre de 1989, pp. 99-113, y del mismo autor, "Some Insights from Wester Social Theory", *World Development*, vol. XXI, núm. 8, 1993, pp. 1245-1261.

trabajo muestran un claro deterioro en la calidad de vida de los trabajadores. La pérdida de dinamismo del sector industrial formal para generar ocupación, la proliferación del trabajo no asalariado y el tipo de terciarización del empleo, desembocan en un proceso de pauperización de una parte muy importante del mercado de trabajo. Además, los sindicatos han perdido capacidad de negociación colectiva de sus condiciones de trabajo, en especial para hacer frente a la caída de sus salarios reales. Se ha dado un repliegue progresivo de su poder para conservar prestaciones conquistadas por medio de grandes luchas a lo largo del tiempo.

Empleo y flexibilización

El empleo formal tiende a la flexibilización, para acercarse a la desregulación laboral. En cierto modo, parece encaminarse hacia el empleo informal por una doble vía. Hacia el interior de la empresa formal, al flexibilizar las contrataciones, la movilidad interna y los despidos, los cuales dependen cada vez menos de las negociaciones entre sindicatos, Estado y patrones, para quedar al arbitrio de estos últimos.[10] Hacia afuera, las condiciones laborales de las

[10] Ilán Bizberg, "Los efectos de la apertura comercial sobre el mercado laboral y sobre las relaciones industriales en México", en Gustavo Vega, *Implicaciones sociales, políticas y culturales de un*

empresas formales y la caída de los salarios reales que pagan, además de los despidos por la restructuración, presionan a los trabajadores para buscar alternativas por cuenta propia en el sector informal. Por eso, gran parte de los costos social y económico de los países latinoamericanos es pagada por los trabajadores, sean formales o informales.

La tendencia hacia la producción en pequeña escala en el sector formal o informal no es un fenómeno privativo de América Latina. Estudios recientes hacen énfasis en que la restructuración industrial en los países avanzados tiende hacia la reemergencia de las pequeñas empresas,[11] las cuales han tenido gran éxito en la creación de empleos durante los años setenta y ochenta. Si por mucho tiempo se les consideró inferiores en administración y organización, o retrasadas tecnológicamente, se les observa

---

área de libre comercio con Norteamérica, México, El Colegio de México, Centro de Estudios Internacionales (en prensa); Enrique de la Garza Toledo, "El Tratado de Libre Comercio de América del Norte y las relaciones laborales en México", en Centro de Estudios Sociológicos, *Ajuste estructural, op. cit.*, pp. 275-291; Francisco Zapata, "La crisis del control sindical sobre la dinámica del mercado de trabajo en México", en *ibid.*, pp. 59-71.

[11] Werner Sengenberger, Gary W. Loveman y Michael J. Piore, *The Re-Emergence of Small Enterprises: Industrial Restructuring in Idustrialized Countries*, Ginebra, International Labour Organization (International Institut for Labour Studies), 1990; Georges Benko y Alain Lipietz (Sous la direction), *Les Régions qui gagnent. Districts et réseaux: les nouveaux paradigmes de la géographie économique*, París, Presses Universitaires de France, 1992.

de pronto como más eficientes, flexibles y dinámicas que las grandes empresas. La viabilidad económica de estas pequeñas empresas no depende únicamente de sus dimensiones, sino, sobre todo, del ambiente institucional en el que están ubicadas, en la cooperación que se establece entre las empresas mediante redes sociales y en los sistemas de apoyo que compensan sus deficiencias. Pero esta pequeña empresa de los países avanzados, que con frecuencia está articulada con industrias mayores, orientadas a la exportación, beneficiada por apoyos científicos y financieros, es un fenómeno distinto a la microempresa y al trabajo por cuenta propia que abordamos en este estudio. Mientras que aquéllas son empresas competitivas en el plano internacional, utilizan tecnología sofisticada y su personal directivo y operativo es altamente calificado, en éstas prevalecen los sectores depauperados, sin capital, con tecnología rudimentaria y con niveles de calificación muy bajos. En este sentido, son más cercanas al propio sector informal de los países avanzados, constituido por minorías étnicas, migrantes de excolonias o de países subdesarrollados y por desempleados crónicos; es decir, por categorías sociales excluidas de la riqueza y de las bondades del primer mundo.

Estudios de campo en varios países latinoamericanos han mostrado que los niveles de ingreso de los trabajadores informales son sustancialmente más bajos, correspondientes en muchos casos a la mitad de los que perciben los trabajadores formales. Sin embargo, es notable observar que desde el punto de vista de la oferta de empleo, hay una tendencia hacia la homogeneización de la fuerza de trabajo. No parecen existir diferencias notables entre los trabajadores de uno y otro sectores, excepto en lo que se refiere a la educación escolar.[12] En cuanto a las diferencias entre los miembros de ambos sectores, se ha observado, parafraseando a S. Latouche, que "los miembros del sector informal son, sin duda, ingeniosos pero no son ingenieros; pueden ser emprendedores, pero rara vez son empresarios; son seguramente industriosos, pero no son industriales".[13] Una de las limitaciones más importantes de quienes inician un establecimiento informal, principalmente las mujeres, guarda una íntima relación con el nivel de capacitación y experiencia de conocimientos que pudieran facilitarles la entrada a otros empleos. Ésa sería una de las razones, junto con las responsabilidades domésticas, por las que las mujeres se abocan al pequeño comercio antes que a otras

[12] Juan Pablo Pérez Sainz y Rafael Menjívar Larín (coords.), *Informalidad urbana en Centroamérica. Entre la acumulación y la subsistencia*, San José de Costa Rica, Facultad Latinoamericana de Ciencias Sociales/Editorial Nueva Sociedad, 1991, y François Roubaud, *Deux ou trois choses que je sais de lui. Le Secteur informel au Mexique*, París, Université de Paris X-Nanterre, UFD d'Économie (Thèse de IIIème cycle en économie), 1991.

[13] F. Roubaud, *op. cit.*, p. 645.

actividades.[14] Por lo demás, existe una transferencia permanente de trabajadores de uno a otro sector.

La reforma de los estados latinoamericanos, la desregulación, la restructuración industrial y la progresiva liberación económica, están repercutiendo sobre la estructura de los mercados de trabajo formal e informal. Como tendencia general se observa una terciarización acelerada del empleo formal. En los últimos diez años, el empleo en el comercio ha permanecido estable, mientras que el porcentaje de población ocupada en la industria ha disminuido en favor de los servicios, sobre todo de los personales. La informalidad y el empleo no asalariado han mostrado más vitalidad que la formalidad y el empleo asalariado para servir como amortiguadores de la crisis económica. Es observable también una progresiva proliferación de microestablecimientos que ocupan a menos de cinco personas. ¿Se trata de nuevas alternativas que abren la puerta al espíritu emprendedor? Más bien son respuestas al bloqueo del trabajo asalariado, opciones obligadas ante los despidos, testimonio de la degradación de las condiciones de vida, resultado de la parcelación y desmembramiento de empresas mayores.

[14] Santiago Bastos y Manuela Camus, "Establecimientos informales y hogares populares en Ciudad Guatemala: un enfoque de género", en Rafael Menjívar Larín y Juan Pablo Pérez Sainz (coords.), *Ni héroes ni villanas. Género e informalidad urbana en Centroamérica*, San José de Costa Rica, Flacso, 1993, pp. 99-190.

La apertura de los mercados en América Latina está mostrando sus efectos diferenciados en las microempresas. Los pequeños talleres industriales que confeccionan bienes de consumo final como calzado, ropa, muebles o juguetes, tienen ante sí la competencia proveniente de los países del sudeste asiático, o del comercio en artículos de segunda mano, como la ropa usada, procedente de Estados Unidos. Una parte minoritaria de estos pequeños microindustriales ha logrado no sólo persistir, sino encontrar alternativas para exportar algunos productos intensivos en mano de obra por medio de intermediarios. Sin embargo otros, que son la mayoría, están siendo presionados a cambiar de actividad, a desindustrializarse en favor de la terciarización. El comercio y los servicios informales son las principales trincheras donde los pobres defienden su empleo y su ingreso.

Género y empleo

El creciente papel de las mujeres en la producción ha sido fundamental en América Latina. Hasta hace algunas décadas hicieron posible la existencia del trabajo asalariado masculino por su trabajo no remunerado en el hogar. Además de hacer viable la reproducción de la fuerza de trabajo, como asalariadas fueron importantes desde el siglo XIX sólo en algunas actividades específicas, principalmente en la industria textil. Sin embargo, en las sociedades latinoamericanas ha habido un crecimiento acelerado del empleo femenino en las últimas dos décadas.[15] Por ejemplo, en México la participación de las mujeres en la población económicamente activa en 1970 correspondía a 19%, en 1979 había ascendido a 25% y para 1988 había alcanzado 32% del total. En algunas regiones y actividades específicas llega a mayores proporciones, como es el caso de las industrias maquiladoras de exportación de la frontera norte, donde las mujeres representan más de 65% del empleo industrial de este sector.

La incorporación de las mujeres a los empleos asalariados formales e informales, guarda una estrecha relación con el deterioro de la economía en general, aunque no puede reducirse únicamente a ese fenómeno.[16] Sin embargo, se han incorporado al trabajo remunerado desde una posición más desventajosa que los hombres, porque ocupan los trabajos inferiores y, generalmente, los peor pagados. Existe una clara discriminación por género; las mujeres, casi en todas partes, obtienen menores ingresos que los hombres. Además, una proporción mayor de mujeres que de hombres trabaja tiempo parcial

[15] Orlandina de Oliveira, "Empleo femenino en México en tiempos de expansión y recesión económica: tendencias recientes", en *Coloquio sobre fuerza de trabajo femenina urbana en México*, México, UNAM, noviembre de 1987.

[16] I. S. A. Baud y G. A. de Bruine, *Gender, Small Scale Industry and Development Policy*, Londres, IT Publications, 1993.

en razón de que tiene la responsabilidad de la reproducción cotidiana de la fuerza de trabajo.

En algunos periodos tiende a cerrarse la brecha en ciertas ocupaciones, pero la restructuración productiva a niveles internacional y nacional crea nuevas labores con el propósito de abaratar los costos de producción y en ellas se coloca otra vez a la mujer en el fondo de la jerarquía ocupacional. Su ubicación desventajosa no se debe, principalmente, a cuestiones de destreza o preferencias personales, ni siquiera a la flexibilidad que le permiten ciertos trabajos, aunque todo esto influya, sino a las decisiones de los empleadores.

El aumento de la participación femenina en el trabajo remunerado proviene de un conjunto de factores, como la disminución en los salarios reales que ha obligado a la esposa y en muchos casos a los hijos a buscar un ingreso adicional. Mientras la economía mantenía altas tasas de crecimiento y los ingresos reales permitían a los hombres sostener el hogar, las mujeres, al momento de casarse, suspendían su trabajo asalariado. Con la caída de los salarios se observa como tendencia que las mujeres —cuando se lo permiten los empleadores— continúan con su empleo asalariado aún después de casarse. Sin embargo, no han podido encontrar ocupación en el sector formal, de ahí que los ritmos de crecimiento del empleo informal, no asalariado o por cuenta propia sean mayores.

Otras causas de la incorporación reciente de la mujer al mercado de trabajo son: la creciente mercantilización y monetarización de la economía, las cuales han sustituido muchas actividades antes realizadas en el hogar; los cambios en los patrones de consumo; la restructuración de la economía mundial, que tiene consecuencias sobre las políticas de empleo en América Latina, por ejemplo, en las empresas maquiladoras; el creciente deterioro de la economía campesina y la descapitalización del agro, que han propiciado un éxodo creciente hacia las ciudades; la oferta de trabajos antes reservados a los hombres (construcción, policía y conducción de vehículos públicos). Además, las políticas de contratación de los empleadores, en algunos países y regiones, tienden a favorecer el empleo femenino, tanto por su capacidad productiva como por el hecho de que presentan menos problemas.[17]

La crisis económica y las políticas de liberación han afectado también el tipo de ocupación de las mujeres. La tendencia al empleo en los servicios se ha reforzado, sobre todo en los personales. Ha perdido lugar dentro del conjunto, en términos relativos, no absolutos, el empleo industrial en favor del comercio, en particular a muy pequeña escala. Éste es un signo del deterioro experimentado en el aparato

[17] Mercedes Pedrero Nieto, "Evolución de la participación económica femenina en los ochenta", *Revista Mexicana de Sociología*, año LII, núm. 1, enero-marzo de 1990, pp. 133-149.

industrial. Las inversiones hacia el sector terciario han generado parte de esta ocupación, pero el mayor número de ocupadas en los servicios y en el comercio a pequeña escala, corresponde a las actividades de refugio.

La incorporación creciente de las mujeres al trabajo remunerado les ha significado mayores esfuerzos y penalidades. En todos los casos, aparte de su empleo, deben atender las tareas domésticas. Sin embargo, por exiguo que parezca su ingreso y por "suplementario", "secundario" o "complementario" que se le quiera hacer aparecer, en realidad es determinante para conseguir un fondo común de sobrevivencia familiar que el marido no puede garantizar; constituye un elemento de control sobre ella misma y un instrumento que le ayuda a mejorar su autoestima y, por lo tanto, sus posibilidades de incidir sobre su futuro.

La incorporación de la mujer al empleo remunerado y el lugar que ocupa dentro de la jerarquía laboral dependen de un conjunto de factores que han sido estudiados en varios países latinoamericanos: el contexto histórico de la mujer, tanto el personal como el familiar, de grupo y de clase; su nivel educativo, sus propias habilidades, destrezas, capacidad profesional y experiencia laboral anterior al matrimonio; el tipo de inserción laboral de su marido, y la dinámica del grupo familiar, es decir, las distintas fases del ciclo de vida por las que transita la familia. Por ejemplo, una industria maquiladora de exportación, que requiere de la presencia firme y físicamente concentrada de la mujer durante muchas horas para un trabajo intenso y repetitivo, buscará contratar mujeres jóvenes, solteras, aunque no cuenten con aptitudes profesionales. En cambio, las esposas o madres y las mujeres de mayor edad, por sus necesidades de participar en la reproducción cotidiana de la fuerza de trabajo, son absorbidas de manera primordial por la lógica de la industria a domicilio, donde el uso del tiempo es flexible y la producción puede desconcentrarse; su condición de esposas o su maternidad las encamina hacia otro circuito laboral.

Dentro del trabajo industrial existen dos grandes vertientes para el femenino: la ocupación en las grandes empresas maquiladoras de exportación, en algunos países, principalmente en México, Centroamérica y el Caribe, y el trabajo industrial a domicilio, cuyos productos se destinan al mercado interno. Ambos procesos se derivan de los cambios tecnológicos y de la restructuración industrial en el marco de una competencia cada vez más intensa a niveles mundial y regional. Las grandes empresas de los países industrializados tienden a desconcentrarse parcialmente; los capitales industrial y comercial a nivel nacional se orientan a producir en unidades más pequeñas y dispersas, en zonas pobres y muy pobladas o incluso en el medio rural.

El trabajo industrial a domicilio ha sido una alternativa para abaratar los costos de producción en las fases en que se requiere mano de obra intensiva. La jornada es flexible, pero las trabajadoras reciben los salarios más bajos y son pagadas a destajo. Aun así, están dispuestas a aceptar este tipo de empleo, muy mal remunerado, porque constituye una estrategia de sobrevivencia en la que pueden combinar varios roles ocupacionales. Además, hecho muy importante, tienen un control directo y pleno sobre ese ingreso.[18]

El inicio de una actividad informal presenta diferencias importantes por género; mientras para el hombre es una incorporación tradicional en la esfera de lo productivo, una afirmación más de su identidad aprendida, para las mujeres la decisión de comenzar un pequeño negocio es, con frecuencia, motivo de conflicto y ruptura con su rol tradicional, o al menos supone un esfuerzo de adaptación que los hombres no requieren.[19]

Una de las características del trabajo por cuenta propia es que impide la creación de vínculos expresamente salariales entre patrón y trabajadores, y promueve, a nivel subjetivo, la percepción horizontal de las relaciones laborales dentro del establecimiento,

[18] Lourdes Benería y Martha Roldán, *Las encrucijadas de clase y género. Trabajo a domicilio, subcontratación y dinámica de la unidad doméstica en la ciudad de México*, México, El Colegio de México/Fondo de Cultura Económica, 1992.

[19] Olga Goldenberg Guevara, "Género e informalidad en San José", en R. Menjívar Larín y J. P. Pérez Sainz (coords.), *Ni héroes, op. cit.*, pp. 383-481.

muchas de las cuales tienen su origen en las características familiares del dueño del pequeño negocio. La ausencia de relaciones salariales implica una flexibilidad laboral muy distinta a los establecimientos con lógicas de acumulación y de eficiencia. Las formas de retribución del trabajo familiar no obedecen a la racionalidad mercantil, sino a las necesidades de cada miembro de la familia y del grupo en su conjunto. Las relaciones mercantiles ceden terreno a nexos de tipo afectivo en los que prevalecen la solidaridad y la ayuda mutua.[20] Esto no significa que no haya un alto nivel de autoexplotación dentro del sector informal. El hecho de no asignar a los miembros de la familia los salarios del mercado como alternativa para disminuir costos y poder subsistir, en algunos casos no permite a la microempresa familiar retener a sus miembros por mucho tiempo. En otros casos la autoexplotación familiar es interpretada como un pago a futuro, ya que el negocio pasará a los familiares del propietario.[21]

Sólo utilizando un eufemismo se puede considerar que los empleados por cuenta propia, del

[20] *Idem.*

[21] Juan Luis Orozco, en su libro *El negocio de los ilegales, ganancias para quién.* (ITESO/Instituto Libre de Filosofía/Editorial Ágata, Guadalajara, 1992), observa que en el contexto de unidades agrícolas de muy pequeña escala "una forma bastante común de acumulación y capitalización viene de la explotación de mano de obra familiar, sea dentro de la misma unidad familiar o

sector informal, sean empresarios. Uno de ellos muestra claramente cuál es su percepción,

> La gente como nosotros, que tiene pequeñas empresas, yo considero que somos trabajadores. En el caso de nosotros, nos parecemos a los empleados. No trabajamos como un patrón sino como un empleado. Somos empleados de nosotros mismos.[22]

En países con fuerte violencia política, donde los hombres han estado en combate o han sido trabajadores migratorios en el extranjero, las mujeres tienen una mayor importancia en la microempresa y en la familia porque deben cubrir los papeles de padre y madre.[23] Aun en países con relativa paz social, se ha registrado un incremento de mujeres jefas de hogar, principalmente en los estratos indigentes. El aumento de la pobreza y de la jefatura femenina de hogares son una fuente de reproduc-

---

bien aprovechando el estrecho contacto de las relaciones familiares o de compadrazgo. En el primer caso, a pesar de todo, las utilidades quedarán dentro de la familia, y en un futuro con mucha seguridad, pasarán a manos del mismo hijo 'explotado'. En el segundo caso, se estará favoreciendo a otra familia", (p. 339).

[22] Olga Goldenberg Guevara, art. cit.

[23] José Navarro y Rafael Menjívar Larín, "Informalidad y género en el área metropolitana de San Salvador", y Juan Carlos Santa Cruz, Luisa Guerrero, Alexandra Schutze y Mario Chávez, "Informalidad urbana y género en Nicaragua", en R. Menjívar Larín y J. P. Pérez Sainz, *Ni héroes... op. cit.*, pp. 191-218 y 303-382 respectivamente.

ción de la informalidad de la mujer bajo las peores condiciones.[24]

En algunos casos se ha observado que los establecimientos informales de los hombres, surgidos en el contexto de la crisis, tienden a ser más dinámicos o dominados por la lógica de la acumulación que los de las mujeres, emergidos de cambios en la "estructura de modernización".[25] Edith Pacheco, a partir del análisis de la Encuesta Nacional de Empleo Urbano, muestra que en la ciudad de México los hombres encuentran mejores opciones que las mujeres en el trabajo no asalariado en establecimientos de uno a cinco empleados en la manufactura y los servicios. Esto la lleva a considerar que tales espacios laborales no pueden conceptuarse correctamente como ámbitos de refugio de mano de obra, sino como alternativas al trabajo asalariado que ofrecen mejores remuneraciones en tiempos de recesión. En cambio, para el caso de las mujeres, el trabajo no asalariado sí constituye un espacio de refugio de mano de obra, ya que es solamente en el trabajo asalariado donde ellas pueden encontrar mejores condiciones.[26]

[24] José Rafael del Cid y Susan Wolters, "Hombres, mujeres y pequeños capitales. Género e informalidad urbana en Tegucigalpa", en R. Menjívar Larín y J. P. Pérez Sainz, *Ni héroes... op. cit.*, pp. 219-302

[25] S. Bastos y M. Camus, art. cit.

[26] María Edith Pacheco Gómez Muñoz, *Dinámica del mercado de trabajo en la ciudad de México a fines de los ochenta*, tesis de

Existen casos en que tanto el hombre como la mujer atienden por igual el establecimiento, pero en razón de que la jerarquía doméstica permea a la unidad económica, el hombre se considera y es reconocido como el propietario.

Es importante destacar que en algunos casos —habría que ver hasta qué grado son representativos del conjunto de América Latina— se privilegia el estudio de los niños sobre el trabajo, aunque algunas veces se combinan ambas necesidades.[27]

La ausencia de cohesión social y la heterogeneidad interna impide a los trabajadores informales contar con un elemento de identidad propia. El quiebre del modelo de desarrollo y las escasas ventajas ofrecidas por la empresa formal, están conduciendo a un cambio en la cultura obrera y en las relaciones laborales —al menos mientras prevalezcan las bajas condiciones de vida— en el sentido de atribuir menos importancia a la dudosa calidad del empleo formal asalariado que al trabajo por cuenta propia, como mecanismos de movilidad social y económica, o al menos de sobrevivencia. El sector informal niega la rigidez de las relaciones de trabajo, de los horarios y de las posibilidades de remuneración. El empleo en el sector informal no es sólo una imposición sufrida,

---

doctorado, Centro de Estudios Demográficos y de Desarrollo Urbano, México, El Colegio de México, 1994.

[27] S. Bastos y M. Camus, art. cit., pp. 99-190.

sino también el resultado de una elección deliberada de los actores. Ante la severidad de la crisis y las políticas de ajuste, los sectores populares de algunos países echaron mano de todos los medios a su alcance para compensar la disminución de sus ingresos: aumentaron los niveles de autoexplotación de la fuerza de trabajo disponible; se introdujeron de lleno al trabajo por cuenta propia, en algunos lugares en la pequeña producción y en todas partes en el comercio y los servicios; rentaron, de manera informal, sus escasas posesiones; emigraron al extranjero; aumentaron sus niveles de producción para el autoconsumo, y reforzaron sus redes de solidaridad social. Pero en lugar de que las familias demandaran soluciones políticas a los problemas sociales, interpretaron la caída de sus ingresos y el empobrecimiento generalizado, no como un problema social, sino como una responsabilidad individual. En parte por eso impusieron mayores exigencias a sus propios miembros.[28]

Con todas las características que tienen en común los países latinoamericanos, presentan en su interior un conjunto de singularidades y de matices que los diferencian en aspectos tan importantes como el de los mercados de trabajo. Así lo muestra un estudio de campo en el que con los mismos instrumen-

[28] Fernando Cortés y Rosa María Rubalcava, *Autoexplotación forzada y equidad por empobrecimiento*, México, El Colegio de México, 1991.

tos y técnicas de investigación se comparan las dimensiones de género e informalidad en cada una de las capitales de los países centroamericanos.[29] Por este estudio sabemos que los hombres tienden, en todos los países, a ubicarse en mayor proporción en el estrato de establecimientos llamados "dinámicos", en tanto que las mujeres lo hacen en los establecimientos de "subsistencia". Por otra parte, cuando la informalidad de subsistencia (por oposición a la de acumulación o dinámica) tiende a predominar de manera absoluta, como son los casos de Guatemala, Honduras y Nicaragua, las mujeres, en su gran mayoría, están confinadas a este tipo de informalidad. Esto significa que en un contexto de muy escasos recursos, la competencia por éstos se agudiza y las mujeres están en desventaja por la dominación de género que prevalece en la sociedad. Por el contrario, en el caso de economías más modernizadas como la costarricense y la panameña, que han permitido mayor dinamismo dentro del sector informal, se ofrecen más amplias alternativas con menos contenido discriminatorio para las mujeres. En otras palabras, en contextos económicos poco dinámicos, el mercado laboral tiende a acentuar sus efectos discriminatorios.

[29] Rafael Menjívar y Juan Pablo Pérez Sainz, *Género e informalidad en Centroamérica: una perspectiva regional*, Informe de investigación, San José de Costa Rica, Flacso, 1992.

II. LA SOCIEDAD INFORMAL

Dirk Kruijt

Cada nueva generación de investigadores sobre la pobreza se ha sentido atraída por un modelo dualista de la sociedad. Nuestra mente clasifica rápidamente a ricos y pobres, miserables y privilegiados. Posteriormente cataloga a las sociedades, con base en diferencias orgánicas entre riqueza y pobreza. Mi compatriota Boeke y sus alumnos trataron de explicar las brechas entre las sociedades occidental y colonial como diferencias cualitativas entre un sector moderno y otro tradicional.[1] Las sociedades coloniales u orientales eran de un tipo dual, truncado, donde el capitalismo no había sido una fuerza

[1] Julius H. Boeke, "Dualistic Economics", en *Indonesian Economics. The Concept of Dualism in Theory and Policy*, La Haya, W. van Hoeve Publishers, 1961, pp. 167-192. "Dualistic Economics" es la edición en inglés del discurso inaugural de Boeke cuando inició su cátedra sobre la "economía oriental" en la Universidad de Leiden, en 1930.

unificadora sino destructiva.[2] El segmento moderno era urbano y comprendía el componente occidental y el de la parte más avanzada y dinámica de la economía y de la sociedad colonizada. El gran remanente tradicional era rural, campestre y comunal, cuya actividad económica era principalmente de subsistencia, caracterizada por la relativa ausencia de capital y de crédito. En su crítica de esta interpretación,[3] los analistas latinoamericanos de la teoría de la dependencia, postularon otro modelo dualista, diferenciando entre países centrales y periféricos, para indicar la tendencia hacia el subdesarrollo de la segunda categoría. El debate sobre la teoría de la dependencia perdió atractivo en los años ochenta, coincidiendo con los primeros brotes de una crisis prolongada, que condujo a un inmenso proceso de pauperización en América Latina.

[2] "The mass product of the new Western industries was thrown upon the Eastern market, sweeping away Native handicrafts, Native trade, and the Native system of distribution. There capitalism only offered new products, and did not provide any new sources of labour. From a social point of view its effects was destructive rather than constructive", Julius H. Boeke, "Dualistic Economics" en *Indonesian Economics. The Concept of Dualism in Theory and Policy*, La Haya, W. Van Hoeve Publishers Ltd., 1961, p. 172.

[3] Véase Ronald H. Chilcote, "A Critical Synthesis of the Dependency Literature", *Latin American Perspectives* I, 1, 1974, pp. 4-29, y "A Question of Depending", Latin American Research Review, vol. XIII, núm. 2, 1978, pp. 55-68.

Mientras tanto, una nueva generación de investigadores en las sociedades avanzadas inició un debate respecto a la pobreza crónica en el mundo occidental, llamando la atención sobre el surgimiento de una nueva clase de pobres en las sociedades desarrolladas,[4] una *Unterschicht* o *underclass* de marginados permanentes, ya no necesitados por la sociedad, generalmente compuesta por los descendientes de las minorías étnicas, semintegrados en una sociedad indiferente y condenados a sobrevivir. No es éste el lugar para discutir la validez de un modelo biclasista, que forja la sociedad global en dos mundos: el paraíso de los ricos y el infierno de los pobres. Sin embargo, los problemas de la pobreza en las sociedades avanzadas son pequeños en comparación con el crecimiento gigantesco de los bastiones de miseria en el Tercer Mundo. Según estimaciones de Naciones Unidas, actualmente hay un billón doscientos millones de personas viviendo por debajo del umbral de la pobreza crítica. La vasta mayoría de ellos vive en Asia, América Latina y África. En América Latina, continente del crecimiento fenomenal de los

[4] W. J. Wilson, *The Truly Disadvantages. The Inner City, the Underclass, and Public Policy*, Chicago, University of Chicago Press, 1988; David T. Ellwood, *Poor Support. Poverty in the American Family*, Nueva York, Basic Books, 1988; Enzo Mingione, *Fragmented Societies. A Sociology of Economic Life beyond the Market Paradigm*, Oxford, Basil Blackwell, 1991, y Christopher Jencks, *Rethinking Social Policy. Race, Poverty and the Underclass*, Cambridge, Mass., Harvard University Press, 1992.

conglomerados urbanos en megalópolis, puede observarse el surgimiento impactante de una nueva clase de gente inmensamente pobre: los informales.

En los países donde la crisis económica va acompañada de guerras civiles, recientemente terminadas o en proceso de lucha sorda, el fenómeno de la informalidad ha adquirido formas y dimensiones espectaculares. El proceso de profunda crisis, de pauperización y de violencia que atraviesa Perú desde los años ochenta, lo convierten en un triste laboratorio de esfuerzos para cerrar la brecha entre la riqueza y lo informal, y de proyectos inconclusos para frenar las disoluciones económica, social y política. El país está pasando por el mismo sendero de pobreza que atravesaron naciones centroamericanas como El Salvador, Nicaragua, Honduras y Guatemala. Tomaré de éstas algunos ejemplos.

LA NUEVA DUALIDAD: FORMAL E INFORMAL

En 1972 la Oficina Internacional de Trabajo, a partir de un estudio sobre los pobladores marginales de Nairobi, introdujo por primera vez el término de sector informal.[5] Tácitamente, se entiende por in-

[5] ILO, *Employment, Incomes and Equality, A Strategy for Increasing Productive Employment in Kenya*, Ginebra, International Labour Office, 1972. El concepto de sector informal fue lanzado en 1971 por Keith Hart durante una conferencia en Sussex.

formalidad la ubicación masiva en el medio urbano. El concepto adquirió una rápida popularidad y dio origen a una discusión prolongada sobre otro modelo dualista para explicar la lógica y la permanencia de la pobreza. Desde luego se hace una distinción entre un sector formal o moderno y otro informal de la economía. Originalmente, se trató de describir las tendencias básicas en las sociedades subdesarrolladas. De manera gradual, se buscaron también aplicaciones en las sociedades avanzadas. En la actualidad, las investigaciones ya no se refieren sólo al ambiente económico, porque también la vida social, política, cultural y religiosa están invadidas por la informalidad.

En las discusiones se olvida que el criterio que hace 20 años sirvió para distinguir entre formal e informal, ha sido el de la pobreza masiva. Enfatizo de nuevo este criterio. Es el relativo aislamiento de la economía y de la sociedad formal junto con la masividad del sector informal, lo que da importancia al asunto. En la economía informal predomina un sinnúmero de actividades no registradas y por ende no formales, no conocidas ni fiscalizadas y por lo tanto no adaptadas en los modelos macroeconómicos. En ese sector, que en la mayoría de los países latinoamericanos está compuesto por 40, 50 o 60% de la población económicamente activa, se hallan las empresas familiares, los talleres de manufactura de zapatos, los negocios de los artesanos, carpinteros y tejedores, las microindustrias de construcción popular, las tiendas caseras en manos de las viudas, los talleres domésticos de las madres solteras, los negocios de reparación y de soldadura. Son actividades de pequeña escala, de producción diaria y de servicios regulares. Son empresas y negocios de propiedad simple, con poco capital, maquinaria e infraestructura, o basados en trabajo intensivo para la producción de bienes baratos y servicios de calidad cuestionable. En la economía popular la lógica del sector informal es otra: la sobrevivencia y el sustento diario. Es aquí donde se ha establecido el sector privado de los pobres.

Las microempresas del sector informal constituyen un gran segmento de negocios no estructurados y no registrados.[6] En la informalidad predomina la heterogeneidad. Dentro de la pobreza existen diferencias considerables: hay empresas relativamente ricas con dueños prósperos; hay también negocios de "mala muerte", de las mujeres que tienen más críos para nutrir que limones para vender. Y en este sector heterogéneo, los microempresarios forman la relativa élite de propietarios. Como dueños de empresas mantienen un núcleo estable de trabajadores asalariados, pagados a destajo o familiares no remunerados. Hay comerciantes que controlan varias em-

[6] Víctor E. Tokman (ed.), *Más allá de la regulación. El sector informal en América Latina*, Santiago de Chile, PREALC, 1990, presenta una serie de casos de estudio sobre empresas semilegales, subterráneas, legalizadas, etcétera.

presas, sobre todo en los subsectores textileros y de zapatería. El riesgo se traslada, por supuesto, hacia abajo: del comerciante al productor y del empresario al trabajador. Ser asalariado significa tener la supuesta suerte de contar con un puesto de trabajo más o menos estable. Mientras que la empresa sobrevive o quizás crece, los empleados mantienen su fuente de ingresos. A su lado viven los eventuales, quizás familiares, vecinos, conocidos y paisanos. Y al margen están los llamados autoempleados, operando por cuenta propia.

Trabajar en el sector informal y operar como microempresario, no se hace por gusto. Se hace por necesidad, por encontrar trabajo, por tener una posibilidad de ingreso. A pesar de la estratificación antes mencionada, no hay que olvidar que el sector informal es el refugio de los pobres, un sector heterogéneo e inmenso, cuya función es mayoritariamente la provisión de escasas posibilidades de sobrevivir. El sector formal de la economía es exclusivo para los privilegiados. La generación de riqueza, la acumulación y el trabajo protegido y reglamentado pertenecen al mundo de los ricos.

Los informales cargan el estigma de la pobreza, el cual prescribe la presencia de las categorías más vulnerables.[7] Hay un mayor número de mujeres que

[7] Véase Rafael Menjívar Larín y Juan Pablo Pérez Sainz (eds.), *Informalidad urbana en Centroamérica. Evidencias e interrogantes*, Guatemala, Flacso, 1990, y Juan Pablo Pérez Sainz y Rafael Menjí-

de hombres, más menores que adultos, más niños que menores, más migrantes que nacidos en la gran ciudad y más gente de color que blanca. En los países que sufrieron una guerra civil como Centroamérica en los años pasados y Perú en la actualidad, se halla también un gran contingente de refugiados y desplazados.

La economía informal

La articulación entre el sector moderno y el informal de la economía es de gran complejidad.[8] Am-

---

var Larín (eds.), *Informalidad urbana en Centroamérica. Entre la acumulación y la subsistencia*, Caracas/San José, Nueva Sociedad/Flacso, 1991. Véase también Rafael Menjívar Larín y Juan Pablo Pérez Sainz (eds.), *Ni héroes ni villanas. Género e informalidad urbana en Centroamérica*, San José de Costa Rica, Flacso, 1993. Las tendencias de estos estudios son confirmadas por el informe conjunto de los gobiernos de México y Estados Unidos, *The Informal Sector in Mexico*, México/Washington, Secretaría del Trabajo y Previsión Social/U. S. Department of Labour, 1992, p. 55. Véase también los análisis de Nannahe Redclift y Enzo Mignone (eds.), *Beyond Employment, Household, Gender and Subsistence*, Oxford, Basil Blackwell, 1985, y el de Lourdes Benería y Martha Roldán, *The Crossroads of Class and Gender. Industrial Homework, Subcontracting, and Household Dynamics in Mexico City*, Chicago, The University of Chicago Press, 1987.

[8] Para una discusión véase R. Branley (ed.), *The Urban Informal Sector: Critical Perspectives on Employment and Housing Policies*, Oxford, Pergamon Press, 1979; Alejandro Portes y John Walton (eds.), *Labour, Class and the International System*, Nueva York, Ac-

bos funcionan dentro de la misma estructura económica nacional, pero con diferente lógica. Existen, incluso, distintos mecanismos de enlace, de comercialización de insumos según pautas improvisadas y de subcontratación y maquila según procedimientos establecidos. Una investigación sistemática en el occidente de México ha demostrado[9] la amplitud de dicha articulación. Incluso hay ramificaciones hacia

---

ademic Press, 1981; Paul van Gelder y Joep Bylmer (eds.), *About Fringes, Margins and Lucky Dips. The Informal Sector in Third World Countries. Recent Developments in Research and Policy*, Amsterdam, Free University Press, 1989, y A. Portes, M. Castells y L. A. Benton, *The Informal Economy: Studies in Advanced and Less Developed Countries*, Baltimore, The Johns Hopkins University Press, 1989. Véase también los informes de H. Haan y J. B. Celestin, *Urban Informal Sector Information: Needs and Methods*, Ginebra, OIT, 1989; Jacques Charmes, *A Critical Review of the Concepts, Definitions and Studies in the Informal Sector*, en David Turnham, Bernhard Salomé y Antoine Schwartz (eds.), *The Informal Sector Revisited*, París, OCDE, 1990, pp. 10-48, y Harold Lubell, *The Informal Sector in the 1980's and 90's*, París, OCDE, 1991.

9 Véase Guillermo de la Peña y Agustín Escobar (eds.), *Cambio regional, mercado de trabajo y vida obrera en Jalisco*, Guadalajara, El Colegio de Jalisco, 1985; Agustín Escobar, *Con el sudor de tu frente. Mercado de trabajo y clase obrera en Guadalajara*, Guadalajara, El Colegio de Jalisco, 1987; Luisa Gabayet, *Obreros somos. Diferenciación social y formación de la clase obrera en Jalisco*, Guadalajara, El Colegio de Jalisco, 1987; Carlos Alba Vega y Dirk Kruijt, *Los empresarios y la industria de Guadalajara*, Guadalajara, El Colegio de Jalisco, 1988; Luisa Gabayet *et al.*, *Mujeres y sociedad. Salario, hogar y acción social en el occidente de México*, Guadalajara, El Colegio de Jalisco, 1988, y Patricia Arias (ed.), *Guadalajara. La gran ciudad de la pequeña industria*, Zamora, El Colegio de Michoacán, 1985.

el ambiente rural, hay subcontratación desde la empresa transnacional hasta el taller familiar.

Sin embargo, hay una brecha que separa al sector moderno –de la acumulación– del informal –de la subsistencia. Existen microempresas en el sector moderno hasta en países altamente desarrollados; éstas son muy dinámicas, creativas, complejas y tecnológicamente avanzadas. Pero a diferencia de estos ejemplos, la microempresa informal, el negocio no registrado, en América Latina es una expresión de la pobreza incomparable con sus homólogas estadunidenses, japonesas o europeas.[10] No tanto por su dinamismo, sino por su capacidad de soportar, de aguantar y de sobrevivir; ésta es la característica del microempresario empírico latinoamericano. También en el sector informal puede observarse mucha creatividad, pero sobre todo en la utilización de lo minúsculo y en el reciclaje de los desperdicios.

En este sector se sobrevive con ingenio, y es un logro formidable. Detrás de cada microempresario informal que ha consolidado su empresa, hay un protector de uno, dos y tres puestos de trabajo, presente en un ambiente relativamente hostil, donde la ley de la sobrevivencia dicta como norma que cuanto más débil se es, tanto menos posibilidad de ingreso

[10] Roberto Mizrahi, "Informality and Microproducers in Latin America: Some Issues and Options", ponencia presentada en el seminario *The Informal Sector in Developing Countries*, París, PAC Development Centre, 13-14 de diciembre de 1990.

estable se tiene. El crecimiento empresarial ocurre sólo en un porcentaje relativamente reducido –15, 20 y 25%– del total de microempresas informales. Estudios comparativos[11] sustentan una conclusión preliminar sobre el ciclo de vida de tales empresas. Comienza como empresa tímida, generalmente operada por una persona. Los primeros cuatro años son de lucha, de consolidación y de sobrevivencia. Cuando no quiebra en estos primeros años, tiene mucha más posibilidad de crecer y aumentar el número de sus trabajadores; su necesidad de más capital, financiamiento y crédito se hace imperiosa.[12] Comienza a ser una microempresa informal adulta. Pero solamente una porción reducida de estas microempresas exitosas logra dar el salto hacia el sector moderno, transformándose en pequeñas empresas formales, capaces de acumular capital, como en el sector formal; los millonarios en dólares son empresarios del sector moderno; los informales peruanos son millonarios en intis, moneda devaluada.

[11] Carl Liedholm, "Small Scale Enterprise Dynamics and the Evolving Role of Informal Finance", ponencia presentada en el seminario *The Informal Sector in Developing Countries*, París, DAC Development Centre, 13-14 de diciembre de 1990.

[12] Jacob Levisky, "Innovative Financing Systems" en *Small Enterprises New Approaches*, La Haya, Ministerio de Relaciones Exteriores, 1989, indica que aquí se encuentra el punto decisivo. Véase también su colección de artículos en Jacob Levisky (ed.), *Microenterprises in Developing Countries*, Londres, IT Publishers, 1989.

Otra característica del sector informal en América Latina es la presencia de la cultura de la pobreza.[13] Hay que seguir viviendo hasta mañana a cualquier precio. En el sector informal la racionalidad no es necesariamente civilizada y regida por una serie de normas y reglas legales o convenidas, como en el sector moderno. En este último, se actúa según contratos formales, convenios colectivos, reglamentos de trabajo y medidas de seguridad social. De hecho, la racionalidad del sector informal se basa en una combinación peculiar de mecanismos de solidaridad y de explotación que son la cara de Janos de lo informal, la cara dulce y el rostro amargo a la vez. La solidaridad se expresa por relaciones espontáneas de asistencia mutua, de fianza colectiva, de riesgo comunal; se manifiesta, también, a través de las redes de apoyo y soporte entre familiares, vecinos, paisanos y pobladores del mismo barrio. Una prima hermana encuentra trabajo en casa de un tío, la vecina cuida de los niños enfermos, los paisanos del pueblo cercano buscan protección donde radican los vecinos más prósperos en la capital. A los vínculos de apoyo y solidaridad se añaden también relaciones de etnicidad y religión.

[13] Concepto popularizado por Oscar Lewis, *Five Families. Mexican Case Studies in the Culture of Poverty*, Nueva York, Basic Books, 1959. Véase también "The Culture of Poverty", en *La Vida. A Puerto Rican Family in the Culture of Poverty*, Nueva York, Random House, 1965, pp. XLII-LII.

La solidaridad se traduce también en relaciones difusas y ambiguas de dependencia personal del fiador, del usurero y del patrón. El microempresario es *pater familias* en su empresa. Admite a los trabajadores sin recursos, pero determina también los salarios, los horarios, los descansos y las obligaciones. Por supuesto, no hay sindicato. El patrón dicta la norma, la regla y la legitimidad empresarial.[14]

El tránsito hacia la explotación es suave pero presente; justificado quizás por la absoluta necesidad de generar empleos, dar trabajo y brindar ingresos. El microempresario benevolente mantiene a sus trabajadores, familiares y vecinos; pero los mantiene explotándolos. La dura realidad en el sector informal es que está basada en la lógica de la selva. Las economías populares son de empleo barato en el doble sentido: la generación del empleo tiene bajos costos, pero la microempresa sigue existiendo gracias a la explotación laboral. Las relaciones de trabajo en los negocios informales están basadas en la explotación de mujeres, madres solteras, menores de edad, niños, refugiados y mutilados. La mayoría de las empresas viola diariamente la legislación social existente en los diferentes países latinoamericanos: horarios de trabajo, salario mínimo, seguro social,

[14] Véase Carlos Alba Vega, *La petite industrie et les entrepreneurs dans une société dépendante. Le cas de Guadalajara, Mexique*, París, École des Hautes Études en Sciences Sociales, tesis de doctorado, 1987.

vacaciones y prestaciones. Cada día de su existencia y de su funcionamiento, en las microempresas informales sucumbe la legislación social que las centrales obreras conquistaron en América Latina tras arduas luchas de generaciones de proletarios.

Así, gradualmente se ha ido formalizando la dualidad entre los sectores moderno e informal, mediante dos sistemas legales, cada uno con su propia lógica y sus propias sanciones: el orden civil y la justicia social del sector formal y la anarquía tácita de la economía popular. Pero ¿hasta cuándo puede durar esta situación paradójica de ambivalencia incorporada? En la economía y sociedad latinoamericanas están funcionando dos ambientes jurídicos, ambos mutuamente excluyentes, pero que por el momento gozan de una coexistencia pacífica. Están los derechos público y privado de la economía formal, para la gente rica y las instituciones y personas que pagan impuestos. Y está también el derecho informal que reglamenta el orden anónimo de los pobres y marginados.

Sin embargo, a pesar de todos sus aspectos negativos, es innegable la vital importancia del sector informal para la mayoría de los pobres. Desde su descubrimiento y reconocimiento en los años setenta, los investigadores de sociología y economía tuvieron que reconocer gradualmente su papel preponderante, y todo parece indicar el crecimiento de su peso económico y político en las próximas décadas. El sector informal es la única fuente estable de empleo, de trabajo, de ingreso, de alimento y de sustento familiar. El sector formal en América Latina comenzó a estancarse hace 20 años. La introducción de los programas de ajuste estructural, de los años ochenta en adelante, redujo todavía más el gasto y el sector públicos, fuentes tradicionales de empleo para la clase media. La reactivación de la economía privada no se ha demostrado tan visiblemente como los ideólogos del ajuste lo han predicho.[15] Al contrario, una de las primeras consecuencias de los programas de ajuste, como era de esperarse, ha sido la contracción del sector formal de la economía y como derivación, la constitución de un segmento de nuevos pobres de las exclases media, trabajadora y de pequeños propietarios rurales. Así, aumenta paralelamente la importancia del sector informal. En los últimos diez años, el sector privado de los pobres comenzó a transformarse en Centroamérica en fuente principal de ingreso y sustento diarios.[16] En el mismo istmo se presentó otro fenómeno singular:[17]

[15] Véase el informe evaluativo de Caroline O. N. Moser, Alicia Z. Herbert y Roza E. Makonnen, *Urban Poverty in the Context of Structural Adjustment. Recent Evidence and Policy Responses*, Washington, The World Bank (Discussion Paper TWV, núm. 4, DP), mayo de 1993.

[16] Rafael Menjívar y Juan Diego Trejos, *La pobreza en América Central*, San José, Flacso, 1992.

[17] *Remesas y economía familiar en El Salvador, Guatemala y Nicaragua*, México, Comisión Económica para América Latina y el Caribe, 1991.

el creciente impacto de las remesas a sus parientes, de dólares mandados desde Estados Unidos por migrantes y refugiados a sus familiares en El Salvador, Guatemala, Honduras y Nicaragua. El volumen de las remesas en El Salvador, por ejemplo, ha sido durante los últimos cinco años de la guerra civil, mayor que los gastos militares y civiles de la guerra. La economía popular centroamericana sigue sobreviviendo gracias a ellas.

La sociedad informal

El sector informal de la economía comienza a ser ampliamente conocido. En Perú, con base en un diagnóstico nacional,[18] se han emprendido algunos experimentos masivos para atender a este sector. Hernando de Soto ha popularizado este fenómeno en círculos internacionales. *El otro sendero*[19] subraya en el título la tragedia de un país que está a la vez destrozándose en una guerra civil y a punto de perder una guerra contra el hambre y la miseria. Perú, que en América Latina combina la violencia, los muertos y los desaparecidos de El Salvador con

[18] Daniel Carbonetto *et al.*, *Lima: sector informal*, Lima, CEDEP, 1988, tomos I y II.

[19] Hernando de Soto, *El otro sendero*, Lima, El Barranco, 1986. Véase también Hernando de Soto y Stephen Schmidheiny (eds.), *Las nuevas reglas del juego. Hacia el desarrollo sostenible en América Latina*, Bogotá, La Oveja Negra/FUNDES, 1991.

la pobreza desesperante de Haití, es también un país ejemplar para demostrar el proceso paralelo de informalización de la economía y de la sociedad. Uno de los científicos sociales más creativos de este país, Luis Pásera,[20] publicó recientemente una serie de ensayos sobre este fenómeno. En su análisis se dejó inspirar por el antropólogo Matos Mar,[21] quien a principios de los años ochenta describió el nuevo rostro de la sociedad informal peruana. A sus ejemplos añado otros.

La informalización de la sociedad se traduce en un cambio en la estructura de clases. Se presenta el hecho de las nuevas organizaciones manufactureras y comerciales de los microempresarios. Hay que recordar que los empresarios informales constituyen la relativa élite; sin embargo, todavía no se ha realizado un proceso semejante de organización en los trabajadores informales. Conviene advertir que en muchos casos, los microempresarios son al mismo tiempo trabajadores directos. Más significativamente aún, puede observarse, por lo menos en Lima y en las capitales centroamericanas, una reducción comparativa de la sindicalización laboral en el sector formal, a la par de una creciente organiza-

[20] Luis Pásera *et al.*, *La otra cara de la luna. Nuevos actores sociales en el Perú*, Buenos Aires, CEDYS, 1991.

[21] José Matos Mar, *Desborde popular y crisis del Estado. El nuevo rostro del Perú en la década de 1980*, Lima, IEP (Perú problema, núm. 24), 1984.

ción empresarial en el sector informal. En este proceso se reproduce, curiosamente, la dependencia de los trabajadores en la microempresa, que explica el clientelismo y el control empresarial sobre ellos y que puede caracterizarse como un régimen de padre-patrón. Por otra parte, la organización microempresarial es iniciada, auspiciada y asesorada por las organizaciones privadas y no gubernamentales de desarrollo (ONG), las iglesias y algunas veces las instituciones financieras que proporcionan créditos a la microempresa. Las organizaciones microempresariales son generalmente semiautónomas, guiadas por organizaciones de desarrollo fuera del ámbito del sector público. Lo mismo puede observarse en las organizaciones femeninas en favor de la alimentación, las hijas de la crisis, asociadas en torno a los comedores populares en las barriadas de Lima. Aquí también "se tiende a reproducir relaciones jerarquizadas y verticales entre dirigentes y socias",[22] y otra vez se presenta la misma dependencia ambigua frente a las organizaciones privadas de desarrollo. Sin embargo, el número de éstas creció en los últimos años de manera considerable y aparentemente con tanto apoyo popular que Sendero Luminoso ha empezado a enfrentarse a ellas y a ajusticiar a sus dirigentes.

[22] Ana Boggio *et al.*, *La organización de la mujer en torno al problema alimentario. Aproximación socio-analítica sobre los comedores populares de Lima metropolitana. Década del 80*, Lima, CELATS, 1990.

La informalización de la sociedad se traduce también en la restructuración de las fuerzas del orden público.[23] En Perú se ha dado la seminstitucionalización de las rondas campesinas como brazo extendido de las fuerzas armadas y policiales. Operan en ausencia de éstas, como fuerzas del orden y de autodefensa. Fueron organizadas por los copropietarios de las empresas asociativas de la reforma agraria o por las federaciones campesinas departamentales para combatir los robos y el abigeato, para juzgar los delitos leves y destituir a las autoridades corruptas. En su transformación en ejércitos privados, siguieron el mismo camino que las bandas armadas de trabajadores en las zonas barriales y que los sindicatos pertenecientes a la izquierda legal: primero con palos, luego con armas caseras y por fin con armas convencionales. Junto a las organizaciones populares de orden y de autodefensa, comenzaron a formarse agrupaciones privadas de esta índole. Son instituciones privadas de guardia y vigilancia, empresas nutridas desde los sectores formal e informal cuyo reclutamiento se realiza en la masa de licenciados del ejército, de oficiales de policía y de la fuerza armada, provenientes de los ejércitos privados, que están retirados o han sido despedidos. És-

[23] Véase *Perú, la violencia política vista desde las experiencias del pueblo*, Lima, Democracia y Socialismo, 1989, y *Perú 1990: encrucijada entre los senderos de muerte y los caminos de paz*, Lima, Democracia y Socialismo, 1991.

tos encuentran empleo e ingresos en la vigilancia de bancos, de casas, de barrios, de supermercados, y hasta de ministerios y edificios públicos. Habría que añadir las bandas paramilitares. Y finalmente, hay que considerar las consecuencias de la introducción del serenazgo en Lima, la policía barrial de los vecinos autoarmados, la clase media que personalmente protege sus bienes, funcionando como complemento de las fuerzas policiales de la capital. Estos mecanismos de autodefensa de los propietarios tienen cierto parentesco con las acordadas que utilizaron los hacendados mexicanos durante el siglo XIX y muy especialmente, durante la Revolución de 1910-1917.[24]

Uno de los problemas más dramáticos es la existencia de los llamados escuadrones de muerte. ¿Quiénes conocerán por completo los lazos entre las organizaciones del orden y las siniestras organizaciones paramilitares y parapoliciales que han operado u operan en Brasil, en Colombia, en El Salvador y en Guatemala? Fortalecen su existencia en los ni-

[24] Rubén Rodríguez García, *La Cámara Agrícola Nacional Jalisciense. Una sociedad de terratenientes durante la Revolución mexicana*, México, Instituto Nacional de Estudios Históricos de la Revolución Mexicana, 1990. El origen próximo de estas acordadas o policía rural, que cuida tanto los caminos públicos como las propiedades, se remonta al establecimiento de la Santa Hermandad y el Tribunal de la acordada en la Nueva España. Sus antecedentes remotos están relacionados con las hermandades de la Península Ibérica en el siglo XII.

chos de lucha subversiva y anticriminal, eliminando tanto a los enemigos del Estado como a los pequeños criminales, aunque sean menores y niños. Para complementar el esbozo de la informalización de las fuerzas del orden, hay que enfatizar el papel de los narcos, cuyas bandas de brazos armados administran virtualmente provincias y subregiones de países latinoamericanos como Colombia, Perú y Bolivia. En Perú hay que añadir, además, las fuerzas de lucha de la guerrilla, las columnas senderistas, los contingentes del movimiento revolucionario Túpac Amaru, con los "mil ojos y mil oídos" de Sendero Luminoso que están observando a los adversarios.

También el sector público está informalizándose. Desde los años ochenta puede observarse en América Latina, Asia y África, la proliferación de fundaciones privadas con objetivos públicos, las ONG. Las primeras de ellas nacieron como centros de estudio a finales de los sesenta. El verdadero auge latinoamericano de las ONG se originó desde la mitad de los setenta. Fundaciones europeas comenzaron a subsidiar con regularidad a organizaciones de intelectuales y académicos: en Chile durante la dictadura de Pinochet, en Perú después de la época de Velasco (1968-1975), y en El Salvador durante la violencia de los ochenta, la Rockefeller Foundation funcionó como financiadora de la *intelligentsia* brasileña durante el régimen militar. Las ONG florecieron y comenzaron a transformarse en *donor darling*. El único país latino excluido parcialmente todavía de la invasión de las ONG es México. Si originalmente fueron centros de estudio y reflexión, las ONG comenzaron a descubrir su destreza potencial como agentes privados de desarrollo, encargándose de actividades públicas esenciales. Donantes como ASAID y su asociada AITEC, inspiradas por la ideología del monopolio moral del sector privado, crearon las primeras ONG exitosas para atender al sector informal de la economía, como ADEMI, en República Dominicana y ACORDE, en Costa Rica. Otros donantes comenzaron a seguir esta iniciativa.

Hay que admitir que es más fácil, y algunas veces más eficiente, canalizar el financiamiento externo hacia organizaciones privadas, en vez de flotar en el embudo de la administración pública con su tramititis, sus procedimientos lerdos, su régimen fiscal, su dependencia de Hacienda y del Banco Central. Una siguiente etapa fue la formación de BINGO's (*big NGO's*), sobre todo en Asia, pero también en América Latina. IDESI y DESCO son ejemplos típicos en Perú. Son entidades de algunos centenares de profesionales, altamente calificados, con dedicación exclusiva al trabajo académico y a las actividades de desarrollo. En algunos países, como Perú, Bolivia, Ecuador y todo Centroamérica, el sector de las ONG se ha transformado en público privado, con excelentes profesionales, de alta calidad administrativa y gerencial, mejor formados y pagados que los del gobierno. Es un sector público paralelo, financiado por el exterior. Las ONG están, incluso, buscando la plataforma política, mostrándose como representantes de la sociedad civil. Por el momento parece ser una autoproclamación no respaldada por el voto popular, aunque puede afirmarse que por lo menos en un caso, el chileno, gran parte del gobierno y de las capas superiores del sector público posmilitar provienen de las ONG. En el caso de El Salvador, el gobierno de ARENA pudo nutrirse de por lo menos diez profesionales a nivel de ministro, viceministro y asesor principal, todos procedentes de una ONG: USADES (USAID). Durante muchos años, el gobierno salvadoreño no tuvo en el sector público un centro de estudio, de planificación y de ejecución de programas experimentales, que pudiera competir con este organismo privado.

Paradójicamente, el mismo sector público comenzó a crear sus propias cuasi ONG, por medio de la constitución de los llamados fondos de emergencia e inversión social.[25] Generalmente, estos fondos son dirigidos por gerentes del sector privado, de preferencia empresarios vinculados a las ONG y a la

[25] Entre las evaluaciones que existen, puede consultarse Nanah Kakwani, Elene Makonen y Jacques van der Gaag, *Structural Adjustment and Living Conditions in Developing Countries*, Washington, The World Bank, 1990; Ernesto Cohen, Roland Franco y Dolores María Rufián, *Los fondos de desarrollo social*, San José, Flacso, 1991 (Cuadernos de Ciencias Sociales, 45), sobre todo la contribución de Dolores María Rufián describe en detalle los regímenes jurídico y administrativo de los fondos; Daniel Martí-

Iglesia. Su éxito está basado en su rapidez para construir infraestructura física (escuelas, letrinas, pupitres y caminos), utilizando mano de obra masiva y temporal. Gozan de un régimen administrativo parecido al de las empresas privadas o al de las ONG, contabilidad en moneda extranjera, despidos de personal y contratación libre, sin la obligación de seguir trámites burocráticos, y ejecución de obras públicas sin licitaciones y con fiscalización autónoma. Comenzaron a formar parte integral de los modernos paquetes de ajuste que ofrece el Banco Mundial y el Programa de las Naciones Unidas para el Desarrollo (PNUD). Actualmente estos fondos son considerados como instrumentos de compensación social. Con razón comenzaron a transformarse también en *donor darling*, comportándose en varios países como una alternativa más eficiente y barata de los ministerios de Obras Públicas, Salud y Educación. Su mística de trabajo es comprobada, la calidad de los profesionales, sobre todo la de los ingenieros civiles, es incuestionable. También dependen mayoritariamente del financiamiento generoso de los países amigos y de las instituciones multilaterales.

---

nez, "Les fonds d'investissement social en Amérique Central et au Panama", *Tiers-Monde*, XXXII, núm. 127, 1991, pp. 533-549; Ludwig Guendell G. y Roy Rivera A., *Los fondos sociales en Centroamérica*, San José, Flacso, 1993 (Cuadernos de Ciencias Sociales, 64).

La informalización de la sociedad se extiende también directamente al campo político.[26] En Perú, como en muchos otros países latinoamericanos y más allá de sus fronteras, durante los años ochenta los partidos políticos perdieron la confianza de los electores. Ante las crisis económica y social y frente a la erosión de los partidos políticos tradicionales, el público giró en busca de hombres sin militancia política anterior, en algunas ocasiones con antecedentes empresariales, que incursionaron ofreciendo gobiernos laboriosos. La primera manifestación electoral en este sentido fue la elección del alcalde de Lima, empresario conductor de un canal de televisión. Para los comicios presidenciales de 1990, Mario Vargas Llosa, un literato célebre pero completamente ajeno a la política, forjó un movimiento y se propuso como candidato no político. Se lanzó muy tempranamente y, a lo largo de la campaña, también comenzó a ser considerado como perteneciente al sistema político formal, por su alianza con partidos tradicionales. En el último momento se presentó otro candidato, Alberto Fujimori, un profesor universitario, desconocido, sin programa político y sin candidatos para puestos de ministro. En

[26] Dirk Kruijt, "Perú: relaciones entre civiles y militares, 1950-1990", en Dirk Kruijt y Edelberto Torres-Rivas (eds.), *América Latina: militares y sociedad*, San José, Flacso, 1991, tomo II, pp. 29-142; Davis Scott Palmer (ed.), *The Shining Path of Peru*, Nueva York, St. Martin's Press, 1992.

los nombres de sus aliados, entre ellos el candidato para la vicepresidencia y algunos senadores, se reconocieron vínculos con el sector informal así como con la micro y la pequeña empresas.[27]

La elección de este último candidato es la expresión, resumida pero global, de todo un país contra los partidos políticos. Pero hay algo más, no solamente en Perú, sino también en Guatemala, se presentó el fenómeno de la elección presidencial de un desconocido, Serrano. Es curioso saber que en ambos países los candidatos accedieron a la presidencia con el apoyo abierto de las nuevas iglesias evangélicas. En estos años se realizó una revolución religiosa tácita[28] en América Latina, aunque los católicos sigan integrando la mayoría

[27] San Román, su primer vicepresidente, era el de la Asociación Nacional de Pequeños y Microempresarios. García y García, su segundo vicepresidente, era el presidente del Consejo de Iglesias Evangélicas en Perú. Para una descripción de la campaña electoral, véase Mario Vargas Llosa, *El pez en el agua. Memorias*, Barcelona, Seix Barral, 1993.

[28] Véase Wilson Nelson, *El protestantismo en Centroamérica*, San José, Editorial Caribe; Cecilia Loreto Mariz, *Religion and Coping with Poverty in Brazil. A Comparison of the Base Communities and Pentecostal Churches*, Boston, Boston University, 1989; David Stoll, *Is Latin America Turning Protestant? The Politics of Evangelical Growth*, Berkeley, University of California Press, 1990; David Martin, *Tongues of Fire: The Explosion of Protestantism in Latin America*, Oxford, Basil Blackwell, 1990, y Luis E. Samandú (ed.), *Protestantismos y procesos sociales en Centroamérica*, San José, EDUCA, 1990. Véase también Heinrich Schafer, "Protestantismo y crisis social en América Central", San José, DEI, 1991.

de la población. Las nuevas iglesias atraen tanta popularidad entre los pobres, que su rápida difusión, con la informalización de la economía y la sociedad latinoamericanas, es más que pura coincidencia. Es la nueva doctrina de la igualdad, de la sobrevivencia, del esfuerzo individual y del apoyo mutuo. Parecería que por segunda vez la tesis weberiana sobre el espíritu protestante y el surgimiento del capitalismo, se comprueba con la formación de la nueva economía y sociedad informales. No es casual la presencia de los fieles de la nueva religión entre los líderes informales y los microempresarios organizados. Muchas de las ONG en el sector microempresarial son de carácter evangélico. Como el calvinismo del siglo XVII fue "de los pequeños", los nuevos pobres del siglo XXI están encontrándose con su propia forma de consuelo y conciencia moral, de cohesión y de apoyo.

¿CÓMO CERRAR LA BRECHA?

El historiador andino, don Felipe Guaman Poma de Ayala lo formuló, en 1615, de manera simple,[29] "cuando se deja de proteger a los pobres, cuando no

[29] Felipe Guaman Poma de Ayala, *El primer nueva crónica y buen gobierno*, edición en 3 tomos preparada por John V. Murra, Roleno Adorno y Jorge L. Urioste, México, Siglo XXI, 1980 (manuscrito original de 1615).

se procura dar más justicia, más tierra, más alimentos y más posibilidades de sobrevivir, su majestad Felipe III de España dentro de poco no tendrá suficientes súbditos para reinar". Guaman Poma ofreció una serie de recomendaciones para un buen gobierno. Sus consejos se dejan resumir en: protección mínima de los marginados, garantías mínimas para una vida digna, y compasión mínima con los pobres y los explotados.[30] Los administradores del Estado confían hoy día más en el sextante del Fondo Monetario y del Banco Mundial, cuando sienten los vientos fríos del ajuste estructural. Y en los manuales de la banca multilateral predomina el *ethos* del contador público y del auditor austero.

Guaman Poma finalizó su crónica en la segunda década del siglo XVII. A pesar de que pasaron casi 400 años desde entonces, su mensaje tiene validez para nuestros días: es tarea principal de los gobiernos nacionales, combatir la pobreza. Lo que vale para Perú, vale para los demás países andinos y el istmo centroamericano. La pobreza es un mal curable, que requiere la prioridad máxima de las autoridades políticas superiores.[31] La

[30] Desafortunadamente, el manuscrito del cronista se perdió en su camino al soberano español. Fue redescubierto en 1908 en la Biblioteca Real de Copenhague y, desde luego, es materia prima para antropólogos y etnohistoriadores, pero no para los políticos.

[31] En este sentido escribe también la CEPAL, *Centroamérica. Notas sobre la situación de la pobreza y políticas sociales*, México, Comisión Económica para América Latina y el Caribe, junio de 1991.

informalización de la economía y de la sociedad latinoamericanas ha llegado, por el momento, a un modelo dualista de la sociedad que la divide en pobres y ricos, en los informales y en el sector moderno. Es un interrogante saber cómo se desarrollará este modelo bipolar en el primer decenio del siglo XXI. Lo seguro es que hay que actuar hoy día con decisión para tratar de cerrar la brecha entre el mundo agradable de los protegidos, y el miserable de los marginales. Por el momento, hay que afrontar la pauperización de vastos sectores de la población. Parece un hecho consumado en la vida cotidiana, una realidad casi aceptada, que la mitad de la población latinoamericana ha regresado a la economía de la selva y que la legislación social se ha reducido a una justicia para los ricos y una facultad para expoliar a los pobres. Para estos últimos, tal situación significa que su existencia diaria es arte necesario para sobrevivir en un ambiente donde la explotación económica es un derecho adquirido y la injusticia social una condición necesaria.

¿Qué hacer? Las soluciones no están en los manuales, pero se vislumbran ciertos caminos que, por lo menos, parecen llegar a horizontes menos apocalípticos. De la lógica misma del proceso de informalización pueden desprenderse algunos instrumentos para combatir la pobreza que, a finales del siglo XX, parece extenderse como la peste negra en el continente latinoamericano. Sabemos que hay que luchar con instrumentos defectuosos, con estrategias que sólo fueron parcialmente probadas en un contexto nacional, donde el sector público precisa readquirir tanto voluntad política como facultades operativas; de otro modo, las próximas décadas semejarán un edificio en demolición. Con el Estado en decadencia, la sociedad será más tarde una ruina.

El nuevo papel del Estado requiere ser inscrito en un proyecto nacional que involucre a las instituciones verdaderamente representativas de la sociedad. Para eso no hay que pensar únicamente en las instituciones tradicionales de la ley y del orden: gabinetes, policías, parlamentos y jueces; tampoco en las instituciones de la riqueza o en las de la sociedad formal. Las capas emergentes de la sociedad informal han encontrado en varios países su representación en las asociaciones de productores, comerciantes y microempresarios de servicios, en los comedores populares y en las nuevas iglesias. El debate público y la concertación nacional para superar la crisis y la pauperización, para combatir la pobreza y la desorganización, requieren también la presencia de la sociedad informal, así como la de los partidos políticos, de las fuerzas armadas, de las iglesias, las nuevas y las tradicionales, de los colegios profesionales y de las entidades representativas de las organizaciones de desarrollo privadas.

El abandono de ellos y su exclusión, perpetuaría la dicotomía entre pobreza y riqueza, entre marginalidad y sector formal. Parece trágico tener que concluir que no solamente la riqueza y la acumulación son patrimonio del sector formal, sino también la democracia. La desconfianza que las instituciones formales despierta entre los pobres, germina en el fenómeno de la llamada democracia blindada[32] de un presidente electo, protegido por tanques. Hay que saber que los nuevos pobres y los crónicos, sea en Guatemala, en Argentina, en Perú, en Venezuela o en Brasil, convencidos de su exclusión, son propensos a optar por hombres fuertes que denuestan de los partidos políticos y de las instituciones representativas y que buscan o encuentran respaldo en los estamentos militares de la nación.

PROGRAMAS OPERATIVOS

Combatir la pobreza no es entrar en tierra ignota. La pobreza latinoamericana no es cuestión de coyuntura o del término preciso del gobierno en turno. Para las próximas décadas, la pobreza va a ser el enemigo principal. En la lucha contra la pauperización masiva hay acciones concretas e instrumentos de comprobada operatividad. Primero, está la posibilidad de usar productivamente las remesas giradas desde el exterior. Según la CEPAL —en sus estudios

[32] Término utilizado por el coronel DEM Roberto Letona durante un debate en el Centro ESTNA de Guatemala sobre el impacto del autogolpe de Fujimori en 1992.

sobre El Salvador, Guatemala y Nicaragua–,[33] las remesas recibidas de los familiares en el exterior, son básicamente usadas para alimentación, educación y salud. Sin embargo, alrededor de 10% de ellas son destinadas al ahorro privado y a la inversión, básicamente en negocios o en vivienda. Este porcentaje pudiera ser orientado y promovido para la reinversión productiva y la generación de empleos con una legislación mínima y con procedimientos que requieran poco esfuerzo de parte de la banca formal. Significa que en El Salvador, Guatemala y Nicaragua están disponibles anualmente 76, 25 y 6 millones de dólares, respectivamente, para la micro y la pequeña empresas, montos que por el momento superan de manera considerable el total de los aportes nacionales e internacionales para el sector informal en los tres países mencionados.

En segundo lugar, hay que seguir procurando la asistencia directa, en forma de donaciones, para actividades puntuales en los campos de alimentación, salud, educación y vivienda, terreno básico de las ONG tradicionales. De manera despectiva estas actividades son calificadas como asistencialistas. Sin

[33] CEPAL, *El Salvador: remesas internacionales y economía familiar*, México, Comisión Económica para América Latina y el Caribe, abril de 1991; CEPAL, *Guatemala: remesas internacionales y economía familiar*, México, Comisión Económica para América Latina y el Caribe, abril de 1991, y CEPAL, *Nicaragua: remesas internacionales y economía familiar*, México, Comisión Económica para América Latina y el Caribe, mayo de 1991.

embargo, ¿por qué hay que considerar esta área de asistencia directa de manera negativa, cuando es un canal adicional, seguro y sin condiciones políticas en una situación en la que los servicios básicos de alimentación, salud, educación y vivienda del sector público son escasos o deficientes? Las actividades puntuales de asistencia directa no resuelven la pobreza de manera estructural, pero son una necesidad sentida por vastos segmentos de la población latinoamericana que viven en extrema pobreza.

En tercer lugar, puede mejorarse la organización y el *modus operandi* de los fondos, eventualmente en coordinación con redes de ONG. Son organizaciones de desarrollo privadas o semiprivadas que han asumido tareas esenciales del sector público tradicional. Fueron instrumentos encontrados en el camino, producto del proceso de informalización; pero por el momento resultan ser más baratos y más eficientes en el combate contra la pobreza que los ministerios tradicionales. Cuando los fondos y las ONG resultan más eficientes, ¿por qué no buscar un mejoramiento de estas nuevas organizaciones que tienen como ventajas su agilidad, su energía, su mística de trabajo y su dedicación? El punto fuerte de los fondos y de las ONG ha sido la provisión de soluciones inmediatas: infraestructura necesaria, acción local y empleo temporal. Por lo menos en un caso, el Fondo Hondureño (FHIS), el apoyo a las actividades microempresariales es compatible con las actividades de empleo temporal, como trabajos en construcción y mantenimiento de carreteras vecinales, obras de drenaje y alcantarillado, construcción masiva de pupitres para niños escolares, limpieza periódica de las grandes ciudades.

En cuarto lugar, pueden masificarse los programas nacionales para las micro y pequeña empresas, buscando una fórmula óptima de colaboración entre el gobierno, los sectores público y privado organizados, los organismos privados de desarrollo y los fondos de emergencia o inversión social. Es claro que, por el momento, no hay soluciones garantizadas con efectos directos de nivel nacional; sin embargo, en Centroamérica se están desarrollando, con cierto éxito, programas nacionales de combate a la pobreza en el ambiente del sector informal urbano. En el campo de la pequeña empresa rural[34] pueden notarse también los primeros resultados. Por el momento, en América Latina hay un país, Colombia, que ha incorporado al sector informal en los planes nacionales de desarrollo.[35] Es un buen ejemplo de cómo pudieran actuar los gobiernos latinoamericanos.

[34] UNDP/DGIS/ILO/UNIDO, *Development of Rural Small Industrial Enterprise Lessons from Experience*, Ginebra, International Labour Office, 1988.

[35] D. Kruijt e Y. Barrera (eds.), *La microempresa: alternativa de desarrollo*, Guatemala, Naciones Unidas/Vicepresidencia de la República, 1990 y *La microempresa: alternativa de desarrollo. II Congreso Internacional de Programas de Microempresa*, Santo Domingo, ADEMI, 1991.

En quinto y último lugar, hay una tarea necesaria para los gobiernos nacionales en la planificación, la coordinación, el financiamiento y la legislación para el combate de la pobreza y el fenómeno de la informalidad creciente. El problema es tan grande que la solución requiere unidad de mando y coordinaciones técnica y financiera. Implica la necesidad de crear programas nacionales, cuyo financiamiento proviene, equitativamente, del tesoro público y de contribuciones privadas nacionales, complementados por aportes de la cooperación internacional. Requiere cooperar con consorcios de donantes, dirigidos por los gobiernos nacionales.

Para operar bien en el sector informal, se necesitan instituciones adecuadas. El sector público tradicional ha demostrado incapacidad para afrontar el problema de manera efectiva. Se podría pensar en crear un ministerio para el sector informal, sin embargo no parece una solución eficaz. El problema no implica a un solo ministerio, sino requiere la dedicación permanente de un gabinete social, auspiciado por la presidencia, para formular políticas, diseñar programas, favorecer iniciativas, coordinar esfuerzos, atraer fondos, donaciones y préstamos, y colaborar con el sector privado. Tendrá que coordinar y unificar las actividades de los fondos de emergencia e inversión social, las ONG y sus organizaciones de segundo grado, las instituciones privadas del desarrollo, la banca y el sistema financiero. Hay que cerrar la brecha actual entre los sectores moderno e informal con una mínima legislación social, válida para los ricos y para los pobres, un mínimo sistema de seguridad social que se aplique en cada empresa, esté registrada formalmente o no. Hay que desarrollar iniciativas hacia el sector agrícola con esfuerzos masivos en favor del sector informal urbano.

Y finalmente, hay que buscar equilibrios fundamentales entre las políticas de ajuste estructural y la política de combate a la pobreza; entre el desarrollo híbrido de los sectores formal e informal. Hay que buscar una nueva equidad, que no sólo favorezca al segmento rico de la población, sino que garantice las posibilidades mínimas de desarrollo y protección para todo habitante de los países latinoamericanos. La política de combate a la pobreza y la política de integración nacional son tareas para los gobiernos que quieran dejar entrar a sus países al siglo XXI.

III. LA UTILIDAD DE LO MINÚSCULO: EL SIGNIFICADO DE LAS MICRO Y PEQUEÑA INDUSTRIAS

Carlos Alba Vega

En el presente capítulo discutiremos sobre la importancia que tiene la más pequeña de las industrias en México y América Latina. El caso de Guadalajara y su región nos ha parecido significativo por la preponderancia que ahí manifiestan las pequeñas unidades productivas, que en forma poco visible, algunas veces clandestina, sostienen un modo específico de desarrollo y de reproducciones económica y social.

La información que se ha utilizado para el análisis de este tipo de industrialización regional proviene de entrevistas y encuestas[1] realizadas con empresarios,

[1] La encuesta se realizó de acuerdo con un marco de muestreo de 10 047 establecimientos oficiales estimados para Jalisco en 1980. La selección de la muestra, cuyo tamaño resultó ser de 1 244, equivalentes a 12.4% del total, se hizo en forma aleatoria y se tomó el total de establecimientos de cada rama industrial como

pequeños productores, obreros, funcionarios públicos, líderes empresariales y sindicales, y, en general, con informantes clave del estado de Jalisco y, en especial de la capital tapatía.

La pregunta central que orienta al trabajo es la siguiente:[2] ¿por qué se revalora el papel que desempeñan la micro y la pequeña industrias en el actual modo de industrialización?

DOS MODOS DE INDUSTRIALIZACIÓN

La producción industrial a pequeña escala fue la forma dominante en México durante tres siglos y estuvo organizada en asociaciones de artesanos especializados en ciertas tareas profesionales (gre-

universo independiente. En la distribución geográfica de la muestra, correspondieron a la zona metropolitana de Guadalajara (Guadalajara, Tlaquepaque y Zapopan) 814 establecimientos, equivalentes a 65% del total; el resto se repartió entre casi todos los municipios de la entidad. Del total de establecimientos encuestados, a la pequeña industria correspondieron 900 (72%); a la mediana, 198 (16%), y a la gran industria, 146 (12 por ciento).

[2] Los términos pequeña y microindustria agrupan a muy diversos tipos de unidades productivas que se distinguen no sólo en términos cuantitativos por sus dimensiones, sino cualitativos por el tipo específico de organización del trabajo. Empresas pequeñas que cuentan con el mismo número de trabajadores y de ventas pueden representar modos disímiles de producción. Es posible que dentro de la llamada industria artesanal familiar que, en apariencia, debería contener fundamentalmente al "artesano

mios), que se basaron en dos requisitos: la regulación del trabajo, en el régimen interno para mantener la igualdad de condiciones entre sus miembros, y el monopolio hacia el exterior, con el que se buscaba el control de la política industrial y se luchaba contra sus principales adversarios: los importadores de manufacturas europeas, los artesanos clandestinos y acaso los obrajes y algunos grandes talleres.

Fue tardía su decadencia en México; hasta fines de la colonia los gremios se ganaron la crítica oficial que antes pasó por Francia y España. El modelo de la empresa manufacturera de corte capitalista fue ganando terreno hasta que acabó por imponerse como forma dominante de producción.

Inmediatamente después de la independencia, con la Constitución de 1824, al asegurarse la libertad y la igualdad civiles, el gremio, sin ser nombrado, perdió sus atributos fundamentales. El golpe de gracia se le dio en la quinta década del siglo XIX. Por una parte, con el decreto del 25 de junio de 1856, por medio del cual el Estado se adjudicó las propiedades de las corporaciones civiles y religiosas. Por la otra, las leyes de nacionalización del 12 y 13 de julio de 1859, suprimieron las archicofradías, cofradías,

clásico", dueño de sus medios de producción, inmerso en un proceso casi carente de división del trabajo y vinculado con el mercado de manera directa, exista una parte de la industria capitalista domiciliaria, con fuerza de trabajo asalariado y división de funciones, subordinada a un agente o institución que controla el proceso productivo.

congregaciones y hermandades, que eran un apoyo económico de los gremios. Finalmente, en la Constitución de 1857 se declaró que "todo hombre es libre para abrazar la profesión, industria o trabajo que se le acomode" y se advirtió que "no habrá monopolios ni estancos de ninguna clase, ni prohibiciones a título de protección de la industria". Desde 1861 desapareció legalmente el gremio, y sus bienes pasaron al dominio de la nación. La Iglesia, gran aliada de los artífices de este modo de industrialización precapitalista, ya no estuvo en condiciones de apoyarlos. La apuesta se hizo por la gran industria manufacturera tal como se observó que operaba en Inglaterra, pero la batalla por implantarla fue larga. Disueltas las trabas jurídicas para el desarrollo del capital industrial, se generó paulatinamente un proceso de concentración de la producción en manos de empresarios polivalentes, con intereses simultáneos en la agricultura y la ganadería, con frecuencia en la política, las minas, la banca y, sobre todo, en el comercio.[3] Sin hablar de una continuidad entre el

[3] Margarita Urías *et al.*, *Formación y desarrollo de la burguesía en México, siglo* XIX, México, Siglo XXI Editores, 1978. También, Carmen Aguirre y Alberto Carabarín, "En torno a la formación de la burguesía textil de Puebla", en Joachim Benoît (coord.), *La formación social de México a nivel regional en la época contemporánea. Problemas de la investigación histórica*, Puebla, Universidad Autónoma de Puebla, 1979; Guillermo de la Peña, "Industrias y empresarios del sur de Jalisco. Notas para un enfoque diacrónico" en *Ensayo sobre el sur de Jalisco*, México, INAH, 1977 (Cuadernos de La

entonces y el ahora, quedó claro para todo el mundo que la única forma de aumentar la productividad y "encaminar hacia el progreso" era la adopción de las tecnologías más modernas aplicadas en grandes empresas. La carencia de capital y la dependencia en varios órdenes, sobre todo en el tecnológico, abrieron las puertas a la inversión extranjera y llenaron de plata los bolsillos de los políticos, asociados subrepticiamente con aquélla.

Es evidente que las primeras inversiones foráneas se dirigieron a la creación de obras de infraestructura (ferrocarriles) y a las industrias extractiva y de energéticos (electricidad y, sobre todo, petróleo). Fue hasta los años treinta del presente siglo, cuando el capital productivo venido de fuera se reorientó hacia los bienes de consumo final, sobre todo alimentos y bebidas. Después de las grandes transformaciones sociales y económicas originadas en la Revolución (reforma agraria, nacionalización del petróleo, etc.), y gracias a una impresionante expansión demográfica concentrada en las ciudades, las grandes empresas transnacionales intervinieron desde los años cincuenta en la ampliación y diversificación de la producción industrial, en bienes de

---

Casa Chata, núm. 4); Mario Cerutti, *Burguesía y capitalismo en Monterrey, 1850-1910*, México, Editorial Claves Latinoamericanas, 1983; Guillermo Beato, "La formación (y las relaciones familiares) de la burguesía de Jalisco durante el siglo XIX", *VI Conference of Mexican and The United States Historians*, Chicago, septiembre 10, 1981 (mecanoescrito).

consumo intermedio y de capital, hule y plástico, química y petroquímica, minerales no metálicos e industria metalmecánica.

Por su parte, los grandes empresarios mexicanos, beneficiados por las políticas del Estado, nacieron propiamente como burguesía industrial y en muchos casos se asociaron en forma subordinada al capital extranjero. Han llegado a destacar en algunas ramas industriales, en especial en las tradicionales, alimentos, bebidas, calzado, textiles y vestido. Sin embargo, las industrias más dinámicas del país: la química, la electrónica y la automovilística, les son ajenas. Existen impedimentos estructurales para que el empresariado nacional hegemonice el proceso industrial y pase de la producción de bienes tradicionales a la industria de punta.

Es en este contexto crítico en el que la subordinación ante la inversión extranjera coexiste en algunas actividades con la pérdida de la esperanza en que el modelo de industrialización entregue los frutos que de él se esperaban. El modo de industrialización mexicano no ha cubierto las expectativas mínimas, no digamos las óptimas, que se le atribuían. Detrás de las pantallas del petróleo, por encima de las grandes chimeneas de la industria química y a través de los minúsculos circuitos integrados de las maquiladoras de componentes electrónicos, el proceso industrial de México muestra su incapacidad para ganar independencia y autonomía. Sus posibilidades de absorber los grandes contingentes de migrantes y jóvenes proletarizados son muy escasas. Después de un periodo de relativa utilización intensiva de trabajo, en particular en la industria tradicional, las tendencias de las dos últimas décadas han manifestado opciones decididas en favor de la modernización tecnológica y de la utilización intensiva de capital. Necesidad imperiosa cuando el país ya se encuentra vinculado con una zona de libre comercio en América del Norte.

EL POTENCIAL ESTRATÉGICO DE LAS MICRO Y PEQUEÑA INDUSTRIAS

Bajo estas premisas ha surgido un consenso que confiere a la pequeña industria un potencial estratégico correspondiente a las especificidades social y económica de un país como México. Si a principios de siglo la microindustria, que era mayoritaria, se observaba como un vestigio de la prehistoria manufacturera, desde hace dos décadas ha sido objeto de un respaldo deliberado, al menos verbalmente. A todos los niveles del aparato gubernamental se emiten declaraciones para elogiar su comportamiento y destacar su importancia. El gobierno federal ha creado instancias dedicadas a su fomento, como la Dirección de la Pequeña y Mediana Industria, además de fondos y programas financieros, amén de decretos como el de la microindustria, a finales de los años ochenta, o el de las empresas integradoras, en 1993.

La reciente preocupación por el futuro de las micro y pequeña industrias tiene que ver con dos hechos: por una parte, las problemáticas económica y política que se plantean a las sociedades latinoamericanas por la implantación de las firmas multinacionales o por el desarrollo de algunos grupos de grandes empresarios, con frecuencia, ligados al extranjero. El poder de negociación que tiene este tipo de empresas, sus vínculos internacionales y su enorme fuerza económica, ejercen severas presiones sobre la balanza comercial por sus importaciones de insumos y bienes de capital, así como sobre las decisiones económicas, sociales y políticas. Por otra parte, la constatación de que en las sociedades latinoamericanas en proceso de urbanización acelerada, han proliferado las pequeñas unidades productivas con formas de sobrevivencia y reproducción para los pequeños productores y para las familias de escasos recursos, tanto por su capacidad de generar empleos e ingresos, como por la posibilidad de ofrecer artículos baratos de consumo popular.

¿Cómo explicar la persistencia y, en varias ramas de actividad, la proliferación y el predominio de la microindustria, contra los pronósticos que vaticinaron su inminente decadencia y desaparición? ¿Por qué confluyen en su defensa no sólo los organismos internacionales y el Estado, sino sus propios obreros, con frecuencia en pésimas condiciones de trabajo, los comerciantes e incluso los grandes industriales?

La importancia estratégica de las micro y pequeña industrias, en América Latina, deriva de una serie de características que se han tratado de estudiar. Los argumentos obvios, caballos de batalla de sus defensores, encuentran su relevancia en las pocas exigencias de capital, su escasa dependencia tecnológica, su orientación preferente al mercado popular y sobre todo, su capacidad de generar ocupación. Existen otras razones menos tratadas que las anteriores, que valdría la pena enunciar. Un conjunto de factores sociales y económicos, pero también políticos y culturales, hacen decisiva la participación de las pequeñas empresas.

Las pequeñas unidades productivas son núcleos que facilitan la penetración del capital y la división social del trabajo, sobre todo en áreas de la periferia urbana y en zonas rurales con baja productividad agrícola, densamente pobladas y bien comunicadas. Gracias a las posibilidades de ubicuidad y dispersión que tiene el capital, éste llega en forma directa o escalonada hasta muchos rincones urbanos y rurales donde hay condiciones económicas y políticas ventajosas para utilizar la fuerza de trabajo, pero adonde no podría llegar el capital en forma concentrada, ni las grandes industrias.

Conviene advertir que la microindustria, tal como la conocemos en la actualidad, es cualitativamente distinta de las formas tradicionales utilizadas por los pueblos para la obtención de sus bienes manufacturados. En el contexto de las actuales zonas y sociedades periféricas, es un vehículo de atracción de población y actividades, hacia la órbita de la economía capitalista.[4] En los espacios geográficos y socioeconómicos donde subsisten modos de producción precapitalistas, la pequeña industria puede servir como mecanismo articulador entre éstos y el modo de producción capitalista. Lejos de ser un obstáculo para la acumulación de capital, es una forma de utilización del trabajo que durante cierto tiempo y circunstancias le conviene sostener y hasta reforzar. Sin embargo, hay que descartar la noción de sector tradicional, pasivo, abastecedor de mano de obra al sector moderno. Tampoco es suficiente explicar la dinámica de estas pequeñas unidades productivas señalándolas únicamente como los últimos eslabones de una cadena capitalista o como modos de producción precapitalistas sometidos a la valoración del capital.[5]

Los pequeños establecimientos productivos, desde la industria casera y la microindustria, hasta el taller manufacturero, en términos generales no están aislados o marginados de la dinámica industrial. En primer término, en muchos casos una par-

[4] Bryan Roberts, "Center and Periphery in the Development Process: The Case of Peru", *Latin American Urban Research*, vol. 5; W. A. Cornelius y F. M. Trueblood (eds.), Beverly Hills, Sage Publication, 1975, pp. 77-106.

[5] Philippe Hugon, "Secteur informel et petite production marchande", *Revue Tiers Monde*, vol. XXI, núm. 82, abril-junio de 1980, pp. 228-233.

te de sus materias primas y de la maquinaria con que trabajan, son productos o subproductos que provienen de las grandes. Es frecuente que las pequeñas unidades productivas, para abatir sus costos y poder sobrevivir, aprovechen los desperdicios, y las máquinas descontinuadas u obsoletas que han sido desechadas por las empresas de dimensiones mayores. Aparte de estos lazos, están vinculadas orgánicamente, pero en forma subordinada, con empresas comerciales e industriales mayores. No existe ya el viejo antagonismo entre el taller artesanal y la empresa manufacturera. Aun en el caso extremo y cada vez más escaso de las pequeñas industrias con características precapitalistas, las grandes fábricas sacan provecho de su existencia y entre ambas se presenta con frecuencia una relación simbiótica. Ésta no significa interdependencia sin más. Se trata de un vínculo asimétrico que no se realiza entre unidades productivas iguales. La pequeña empresa, subordinada en muchos órdenes ante la grande, es presionada para aceptar reglas de juego desventajosas para ella, y a transferir valor y recursos. La transferencia de valor se realiza a niveles más amplios y se desliza entre unas ramas industriales y otras; entre empresas de diversos tamaños y productividad, dentro de una misma rama industrial, y entre unos sectores sociales y otros. Esta transferencia es debida a las diferencias entre el valor de la fuerza de trabajo y los precios del producto. Cada vez es más común que tras la apariencia de pequeños productores independientes que venden sus mercancías a negocios comerciales o industriales, se encubra un conjunto de obreros y, sobre todo, obreras extramuros, organizados como fuerza productiva, pero no como fuerza social. Sus salarios individuales, generalmente los más bajos dentro del sector industrial, permiten que se produzcan artículos, relativamente a bajos precios, aun contando con los amplios márgenes de ganancia que se quedan en las empresas comerciales o industriales mayores.

En el caso de las relaciones domésticas de producción, inmersas en lazos de dependencia personalizados, éstas propician que muchas veces el trabajo familiar no sea cuantificado en dinero. La presión a que están sujetas estas unidades domésticas para persistir en un mercado competitivo, las lleva a mantener precios bajos que presuponen muy bajos salarios o ingresos de los trabajadores. En cierto modo, los pequeños productores abaratan la vida de grandes sectores de la población a costa de su propia situación precaria.

CALIFICACIÓN SIN ESCUELA

Otra característica estratégica de la pequeña empresa se refiere a su capacidad de calificación para el trabajo industrial. Se sabe que las escuelas de enseñanza técnica industrial se orientan, fundamentalmente, a la capacitación del personal del sector dinámico de la industria. En la práctica este sector está constituido por las actividades que tienen mayores exigencias de capital, tecnología y organización. Es decir, se trata de las grandes empresas nacionales y transnacionales, productoras de bienes intermedios y de capital, papel, química, electrónica y varias actividades de la industria metalmecánica. El sistema educativo, financiado con fondos públicos, en su área de formación técnica, capacita al personal que posteriormente se incorpora a estas empresas.

En contrapartida, las empresas medianas y grandes han contado con escasos apoyos institucionales para la capacitación de su personal. Es este tipo de personal el que aprende a trabajar fuera de los circuitos escolarizados. Se capacita en el mismo recinto de trabajo, dentro de las micro y pequeña empresas, para después ser transferido hacia las industrias de dimensiones mayores, que pueden ofrecerle mejores oportunidades laborales. La pequeña industria y la empresa artesanal, como capacitadoras de la fuerza de trabajo, se reafirmaron en México a principios de los años setenta, cuando por ley se generalizó para todos los trabajadores el derecho de obtener el salario mínimo independientemente de sus conocimientos, su antigüedad o su edad.[6] El pago a la

[6] Hasta 1970 existió, en la Ley Federal del Trabajo, el contrato de aprendizaje (título III), definido como aquel por virtud del cual una de las partes, que no puede ser menor de 14 años, se

categoría de aprendices se convirtió en una práctica ilegal y éstos fueron desplazados a los pequeños establecimientos. El proceso de aprendizaje de jóvenes y migrantes, que tiene como contraparte el pago de salarios y prestaciones más desfavorables que los de obreros de planta de las empresas mayores, en muchos casos inferiores al mínimo general, tiende a confinarse en la microindustria, que escapa más fácilmente al control del Estado. En ella se adquieren conocimientos sobre cada una de las diversas operaciones del proceso de trabajo, además de destrezas específicas; se desarrollan habilidades y, lo que es más importante, se realiza el proceso de adaptación al trabajo industrial. La pequeña empre-

compromete a prestar sus servicios personales a otra, recibiendo en cambio enseñanza en un arte u oficio y la retribución convenida. Ésta podía ser pecuniaria o consistir en alimentos y vestidos, o en ambos. Los defensores del contrato de aprendizaje afirman que "el elemento fundamental para el trabajador no es el salario, sino el aprendizaje de un arte u oficio". Euquerio Guerrero, *Manual de derecho de trabajo*, México, Editorial Porrúa, 1967, p. 296. Aunque por ley el contrato de aprendizaje era de carácter temporal y había que fijar su duración, en la práctica se prestó a que los patrones, amparados por disposiciones cuyo origen se remonta al régimen corporativo de los gremios, abusaran de tal derecho para explotar a los trabajadores. Las presiones obreras lograron que en la Nueva Ley Federal del Trabajo, creada el 2 de diciembre de 1969 y que entró en vigor el primero de mayo de 1970 para abrogar la Ley Federal del Trabajo del 18 de agosto de 1931, ya no se legalizara la existencia de aprendices ni el pago de salarios inferiores al mínimo establecido.

sa otorga, generalmente, el primer empleo y enseña las normas básicas del trabajo, la organización de tiempos y movimientos tendientes a incrementar la productividad, el reconocimiento de las líneas de autoridad, el orden y la disciplina que exige la producción industrial. Todo esto es aprovechado por las empresas mayores que captan al personal transferido de la pequeña producción.

Sin embargo, la transferencia de trabajadores no parece darse en un solo sentido, de la micro y la pequeña hacia la mediana o las grandes industrias. Varias investigaciones en Guadalajara muestran que antes de que se emprendiera el proceso de restructuración industrial, la circulación de personal también se da en sentido contrario. Existe una fuerte rotación de trabajadores también dentro de la mediana y la gran industrias tradicionales. Estos trabajadores se desplazan no únicamente hacia empresas de dimensiones medianas o grandes, sino también hacia el sector informal. Los niveles salariales y las prestaciones con que cuentan en el sector moderno, serían compensados en el informal por la amplia flexibilidad en el uso del tiempo y del trabajo, y sobre todo, por la posibilidad de generar un ingreso adicional por medio de la incorporación del trabajo familiar.

La fuerte rotación de obreros de planta en la pequeña industria de Jalisco tiene varios significados para los propietarios es una manera de reducir la organización, la solidaridad de clase, los salarios y los derechos laborales de los trabajadores (antigüedad, aguinaldo, prima de vacaciones), y de retener con mejores estímulos la fracción de los trabajadores que es más productiva y dócil. En los casos en que los trabajadores que salen en busca de otro empleo son sus familiares, puede ser una forma de adaptarse temporalmente a los cambios económicos que afectan al pequeño establecimiento. Esta fuerte rotación laboral que expresa un tipo de empleo frágil, mal pagado e inestable, es también una forma de inserción temporal de la población excedente al mercado de trabajo. En muchos casos este tránsito ocupacional habla de la profunda insatisfacción de los trabajadores con sus condiciones de empleo y algunas veces de la posibilidad de que los trabajadores inicien un pequeño negocio y se conviertan en "obreros emancipados".

DURANTE LAS CRISIS ASUME RIESGOS DE LAS GRANDES EMPRESAS

La alta capacidad de asumir cierto tipo de riesgos que le transfieren las empresas de dimensiones mayores, es también una de las características de la pequeña empresa. Algunos de ellos tienen que ver con las oscilaciones en la producción, provocadas por problemas estructurales y coyunturales, como la escasez de materias primas o la ineficiencia del sistema de transporte. También se presentan fluctuaciones que tienen su origen en los cambios en la demanda, afectados por factores estacionales o por la moda. La micro y la pequeña industrias se encargan de elaborar la parte de la producción más vulnerable ante los cambios y protegen así la estabilidad de otros centros productivos.

Es casi un lugar común reconocer el papel fundamental que le toca desempeñar a la pequeña empresa en momentos de crisis. Los problemas económicos y políticos que ha vivido América Latina en los últimos años, han repercutido en una baja en el ritmo de inversión privada, sobre todo en ciertas regiones y actividades productivas. Para invertir, el capital selecciona áreas, tiempo y actividades. En periodos de crisis es frecuente que ese capital, cuando dispone de recursos líquidos y ha perdido mercado o aumentado sus riesgos, se reoriente a la inversión inmobiliaria. En ese caso, la pequeña empresa redobla su esfuerzo para cubrir el vacío dejado por la gran empresa. Proliferan los pequeños talleres de producción de bienes de consumo básico.

Cuando la crisis se presenta acompañada del binomio inflación-recesión y se desploma el mercado de ciertos bienes por la baja en el poder adquisitivo de la población, las grandes empresas despiden a una parte de su personal, sobre todo los obreros no calificados. Éste es el sentido de que exista el llamado personal temporal o eventual. Para el caso de la industria de Jalisco,[7] los obreros y empleados, que según lo declarado por los empresarios, fueron contratados temporalmente en 1980, un poco antes de que estallara la crisis de la deuda, constituían 12% del total de la industria. Sin embargo, en algunas ramas la importancia de los trabajadores temporales es mayor: industria alimentaria (22%), maderera (27%), productos metálicos (17%), maquinaria y equipo (15 por ciento).

Simultáneamente, las empresas que han encargado una parte de su producción a pequeños talleres bajo el sistema de maquila,[8] suspenden sus pedidos. De acuerdo con la encuesta industrial en Jalisco anteriormente mencionada, 11% de las empresas de la entidad transfieren materias primas o partes de productos para ser transformados en otros establecimientos. Las dos terceras partes, encargan el trabajo a talleres, 13% a domicilio y la cuarta parte a

[7] Departamento de Programación y Desarrollo del Gobierno de Jalisco, *La situación industrial de Jalisco,* Guadalajara, DPD, diciembre de 1982, tomo III, cuadro IX-2.

[8] El sistema de maquila "es un mecanismo en el cual un cliente (empresario) encarga a una persona (maquilador) la elaboración de una parte o de la totalidad del proceso productivo de una mercancía, pero conservando el control estricto sobre la mayor parte de los factores que intervienen en dicho proceso, esto es, la materia prima, la determinación y el diseño del producto [...], la propiedad de la maquinaria, así como la comercialización del producto y diversos mecanismos de apoyo financiero". Cristina Padilla Dieste, "La industria de maquila en Jalisco", *Revista Jalisco*, núm. 2, julio-septiembre, 1980, pp. 26-27.

otros establecimientos. Según la misma fuente, es en la gran industria (23 a 25%) donde se da la mayor proporción de empresas que encargan parte de la producción. Sin embargo, se sabe que el sistema de maquila (sobre todo en las ramas del vestido, del calzado, muebles y metalmecánica) es más importante que el declarado oficialmente, porque buena parte de su producción se efectúa en forma clandestina dentro del sector informal. Además, gran parte de la pequeña producción industrial está articulada con capital comercial.

No existe ningún compromiso ni obligación legal o económica. La micro y la pequeña industrias tendrán que sortear la crisis y enfrentarse con sus trabajadores. Las que no puedan resistirla y estén enmarcadas dentro de las disposiciones legales, liquidarán a ciertos trabajadores asalariados. Las ubicadas en el sector informal, que por lo general se encuentran fuera del control gubernamental, simplemente despedirán a los trabajadores sin ningún pago ni protección.

Una estrategia adoptada por las industrias más pequeñas para sobrevivir a la situación crítica consiste en intensificar y diversificar el trabajo familiar. Es evidente que la crisis no repercute con la misma gravedad en todas las empresas. La ubicación en una rama y actividad determinadas, el tamaño de la empresa, las características del empresario y los recursos de que dispone, influirán de manera notable en el destino de aquélla. Pero una constante de muchas pequeñas unidades productivas es su escasa longevidad. Nacer y morir pronto, renacer, cambiar de lugar, de nombre y de actividad, son todas cualidades que las distinguen.

La contención de las luchas sociales

Por sus propias características, la micro y la pequeña industrias son un soporte de invaluable valor político. No es posible comentar en este espacio todas las consecuencias que se derivan de esto. Sin embargo, su fragmentación, dispersión y aislamiento, la escasa complejidad en el proceso productivo, las características de su reducido personal y su modo familiar de producción –compuesto por parientes, amigos, vecinos, paisanos, compadres y otras formas de relación social personalizada– dificultan las reivindicaciones de los pequeños productores y operan como un sistema de control y presión sobre el trabajo. En la mayor parte de los casos se trata de jóvenes y mujeres sin experiencia previa de organización laboral, por lo que su capacidad de negociar sus intereses en medio de la crisis es baja.

Por otra parte existen mecanismos informales muy efectivos que la práctica ha establecido como institucionales y que operan como distensionadores. En muchos casos el tamaño del establecimiento, la cercanía física, el origen social común de los dueños y de los trabajadores asalariados y el hecho de que el dueño trabaje directamente en el proceso productivo, facilitan el trato entre ellos. Pueden tutearse e ir al fútbol o a la iglesia en grupo. Cada determinado tiempo se organizan fiestas para celebrar el santo del patrón, donde muchas tensiones laborales afloran y hacen catarsis al calor de las copas. Después de periodos intensos de trabajo no es raro que se presenten recompensas muy personalizadas. Tampoco es difícil que los pequeños empresarios ofrezcan ciertos servicios para retener a los asalariados, como los préstamos de dinero sin el cobro de intereses o la ayuda para algunos gastos ceremoniales (bautizos, bodas o defunciones).

Además de esta dimensión interna de los pequeños productores y sus vínculos con el propietario, existe otro aspecto que conviene tomar en consideración. Gran parte de los asalariados de la pequeña empresa no dispone de formas de organización propias que le permitan negociar sus intereses. En muchos casos no están sindicalizados y, por lo tanto, no cuentan con algunas ventajas mínimas que al menos teóricamente deberían pertenecerles.

Para comprender el papel político que desempeña la industria y su capacidad de contener las luchas sociales sin que sea necesario utilizar la coerción directa, hace falta saber cómo se presentan y se solucionan los conflictos en su interior; cuáles son las presiones sociales y las mediaciones que existen entre el capital y el trabajo; cómo se resuelven los problemas del ejercicio del poder y la autoridad o la distribución del excedente económico a nivel social; cuál es el tipo y nivel de intervención que existe por parte del sindicato, del Estado y sus agencias.

La pequeña empresa como ideología

También sería útil incursionar en la relación que se presenta entre la pequeña industria y la cultura, último de los factores que desearía comentar brevemente. La pequeña empresa elabora bienes y servicios, pero produce también mensajes, signos y símbolos que son consumidos socialmente.

Valdría la pena, en este espacio, esbozar uno de los componentes culturales que operan a través de las unidades productivas de pequeña escala, la producción de la ideología. Este tipo de establecimientos fabriles es atravesado por un conjunto de discursos de origen diverso: los oficiales, emitidos por el Estado o por organismos internacionales; los del empresariado, promovidos por negocios de todos los tamaños, y los laborales, defendidos por los propios pequeños productores o por el sindicato. Hay también discursos más generales y difusos transmitidos en la calle o en la casa a través de conversaciones, de rumores y de opiniones. Todos estos mensajes que funcionan en el terreno de las ideas y de las creencias, tienen que ver con un sistema modelante de actitudes, valores y normas sociales. La pequeña empresa como objeto de valor no exclusivamente económico, es un tema que habrá de investigarse; por el momento sólo dejamos señaladas algunas de sus manifestaciones.

ALMÁCIGO DE EMPRESARIOS

Existe un tipo de discurso que promueve la idea de que una de las contribuciones más importantes de la pequeña industria, se encuentra en el campo de los factores humanos: ser almácigo de empresarios. El modelo de desarrollo que subyace en esta concepción es el de una sociedad liberal en la que el esfuerzo individual plasmado en la empresa privada es el principal atributo por fomentar. Se ha pretendido ver en la pequeña empresa mecanismos de movilidad social y económica que están abiertos en oportunidades para todos. Cualquier persona que sea tenaz y trabajadora puede tener éxito y llegar a ser un empresario.

Ésta es la esperanza que mueve a gran parte de los estudiantes de las escuelas técnicas, orientadas en la práctica a calificar personal para las grandes empresas. Desean trabajar inicialmente en una gran industria para capitalizar y poder emprender un pequeño taller que sea propio, y algún día convertirlo en una gran industria. También los obreros industriales, sin importar su antigüedad en la empresa, conservan la ilusión –que algunas veces se convierte en realidad– de "independizarse" y "trabajar por su cuenta". Existe un caso de este tipo de empresario-modelo en Jalisco y todo mundo conoce la historia del dueño de Calzado Canadá. Don Aurelio López empezó como zapatero remendón en un pequeño taller y con su hijo Salvador llegó a construir la empresa zapatera más grande de América Latina.[9] Es un ejemplo que se cuenta a todos los jóvenes y con el que se advierte que todo es posible para quien se esfuerza.

Otra versión de este manejo ideológico[10] admite que no es para todo el mundo sino sólo para los más aptos y advierte que si la competencia es llana y abierta, entonces la pequeña industria será un terreno de pruebas en el cual aquellos individuos, comparativamente pocos en número, de empuje y capacidad excepcionales pueden probar su mérito. Con el crecimiento de sus empresas pueden convertirse en industriales medianos o grandes; pueden ocupar otras posiciones de preponderancia económica, social o política. Los exponentes de esta posición concluyen que "el crecimiento económico requiere más y más hombres con cualidades personales de iniciativa y jefatura, combinadas con habi-

[9] Un amplio estudio de esta empresa puede verse en Patricia Arias, "La consolidación de una gran empresa en un contexto regional de industrias pequeñas: el caso de Calzado Canadá", *Revista Relaciones*, núm. 3, México, El Colegio de Michoacán, 1980, pp. 171-253.

[10] Eugene Stanley y Richard Morse, *Industrias pequeñas para países en desarrollo*, México, Editorial Norte, 1968.

lidades en organización y administración" y que "llevar a su máximo esta contribución potencial, debe ser una de las metas principales de un gobierno ocupado en el desarrollo".

La ilusión presentada de una expansión industrial derivada de cualidades psicológicas y méritos individuales se refuerza con ejemplos concretos: los magnates industriales canadienses que al emigrar de Alemania se iniciaron en las cocheras de sus casas. Cada región cuenta con sus propios casos. En Jalisco existen ejemplos más cercanos: los alemanes y franceses de finales del siglo XIX que se desarrollaron como comerciantes de refacciones y de ropa y se convirtieron en industriales de alimentos y textiles. También están los libaneses, quienes a través del comercio se convirtieron en destacados fabricantes de ropa. No faltan las explicaciones que hacen ver cómo las diferencias entre los empresarios foráneos exitosos y el estancamiento de la mayor parte de los empresarios nativos, se deben a la mentalidad del mexicano y a las cualidades excepcionales de los extranjeros.[11]

[11] Véase Carlos Alba Vega y Dirk Kruijt, *Los empresarios y la industria de Guadalajara*, Guadalajara, El Colegio de Jalisco, 1988, capítulo III.

EL CAPITALISMO POPULAR

Otra variante de esta corriente promotora de la iniciativa empresarial, como fuente de progreso socioeconómico, es la llamada del "capitalismo popular". En ella pueden ubicarse las acciones de varias fundaciones promovidas por empresarios; para el caso mexicano existe la Unión Social de Empresarios de México (USEM) que sostiene a la Fundación Mexicana para el Desarrollo. Como se podrá observar en los capítulos IV y V, estas fundaciones han proliferado en todos los países de América Latina desde los años ochenta.

En esta corriente ni se afirma que todos pueden llegar a ser grandes, ni se defiende a unos cuantos elegidos por sus dotes privilegiadas. Sólo se sostiene que lo importante es difundir las oportunidades económicas y sociales entre el mayor número posible de beneficiarios que a la postre lleguen a ser pequeños capitalistas. Así, cada miembro de la sociedad conservaría un pedazo de poder y de riqueza.

En los casos presentados, el mensaje ideológico contiene un elemento común: es importante promover por todos los medios la pequeña empresa capitalista y los valores que subyacen en ella. Principalmente el afán de lucro, porque es esta motivación la que en el plano individual promueve la movilidad social, y en el nacional el desarrollo económico. La ausencia de capital inicial como obstáculo para la expansión de la industria, según esta posición, es un síntoma de otros obstáculos de orden personal, como la administración ineficaz y la falta de preparación.

El manejo de las aspiraciones sociales se efectúa a través de diversos mecanismos. Uno es la confianza y la ilusión que la minoría de los empresarios en rápido ascenso, transmite al conjunto social. Por medio de ellas se puede tener una experiencia o identificación vicaria en el sentido de vivir las hazañas de otro, como si fueran las propias. Estos mensajes ideológicos operan y tienen éxito, sobre todo, en los países, las regiones y las épocas donde la práctica no los contradice y los mensajes se nutren de experiencias sociales exitosas.

La misión integradora de las micro y pequeña empresas

Desde la perspectiva del Estado, la micro y la pequeña empresas son manejadas como elementos de integraciones social y nacional. El tratamiento del nacionalismo como propósito ideológico tiene que ver con varios fenómenos. Por una parte, el Estado mexicano, como agente de desarrollo, ha respaldado a través de múltiples mecanismos, cuando no creado, al incipiente empresariado nacional. Sin embargo, casi todos éstos –salvo contados casos como el grupo de Monterrey– han sostenido una relación subordinada y secundaria en el proceso de industrialización. Las ramas más dinámicas de la industria y algunas actividades estratégicas son dirigidas por un empresariado ausente que se disputa con el Estado la hegemonía del proceso industrial.

El nuevo régimen emanado de la Revolución dice haberse esforzado por impulsar un modelo de desarrollo nacionalista, pero en la práctica se observa que los inversionistas foráneos se han beneficiado de la política de desarrollo mexicana.[12]

En este contexto cabe hacerse algunas preguntas sobre la política del Estado a propósito de la micro y la pequeña industrias: ¿realmente el Estado se interesa en la pequeña empresa o en obtener divisas y en exportar con base en la producción a gran escala, pero hace una concesión parcial a los pequeños productores? ¿El Estado ha hecho su apuesta por la gran industria pero incidentalmente, por razones tácticas y coyunturales, diversifica sus apoyos? ¿Cuál es el interés del Estado en la pequeña empresa?

Es en este marco donde en forma recurrente el discurso del Estado y algunas de sus políticas industriales se orientan al apoyo de la microindustria como prototipo de lo genuinamente autóctono, de lo mexicano. El tema del nacionalismo ha sufrido oscilaciones cíclicas en México, pero desde la Revo-

[12] Sobre las políticas de industrialización en un momento crucial de México, puede consultarse el trabajo de Blanca Torres, *Hacia la utopía industrial*, México, El Colegio de México, 1984, Historia de la Revolución Mexicana, 1940-1952.

lución, símbolo inconfundible, ha sido uno de los elementos unificadores por excelencia. Su manejo se ha recrudecido sobre todo ante las crisis internacionales, durante las confrontaciones mundiales y también para encubrir y afrontar los grandes conflictos internos. Lemas como "la conciliación", "la solución somos todos", "la alianza para la producción" o "el esfuerzo compartido", denotan una voluntad integradora enmarcada en el nacionalismo.

El discurso oficial respecto a este nacionalismo se expresa por medio de las llamadas artesanías tradicionales, que tendrían un papel protector de los valores culturales que supuestamente definen la nacionalidad mexicana.[13]

La revaloración del "arte popular" como elemento de identidad, unificación e integración nacional, se inicia a partir de la Revolución. Lo indígena y muchas de sus expresiones artísticas y culturales se destacan desde entonces –ya que no lo hizo la Reforma, con todo y Juárez– como símbolos de lo genuinamente mexicano y sustituyen, dentro del discurso oficial, a los símbolos extranjerizantes.

Muchos artistas e intelectuales de la posrevolución, desde los años veinte, destacaron el valor de la industria artesanal tradicional y el propio gobierno empezó a declarar públicamente su reconocimiento a las "industrias típicas". El Estado recuperó el senti-

[13] Victoria Novelo, *Artesanías y capitalismo en México*, México, SEP/INAH, 1976, p. 30.

do de la producción artesanal –indígena o no– y apoyándola buscó ampliar sus bases de legitimidad.

El trabajo de los artesanos se identificó como uno de los componentes básicos del folklore nacional y su exaltación como una de las vías para conformar una cultura nacional. Los objetos ornamentales extranjeros empezaron a dejar espacio al arte popular; la vestimenta indígena comenzó a dar colorido a la iconografía oficial. Surgió así un espectro muy amplio de instancias oficiales desde donde se promueve el valor y la importancia de las artesanías tradicionales como expresiones y defensa de la nacionalidad.

Independientemente de que existan expresiones genuinas de la cultura popular a través de las artesanías, su abuso como tema nacionalista a ultranza hace pensar en otro significado, en su papel encubridor de los conflictos raciales y de clase. Cobra importancia, como sentido ideológico, el ocultamiento de las grandes diferencias entre regiones y clases a partir de la presentación del objeto estético como puente y lugar de confluencia.

Si por una parte se revalora la creación cultural de la población indígena y, en general, de los artesanos, en la práctica se mistifican sus relaciones objetivas de clase y la situación concreta que viven. Las orientaciones folkloristas e indigenistas mantienen su vigencia, pero han aparecido nuevos mensajes a través del apoyo y fomento de la pequeña producción de los artesanos. Como señala Novelo, actualmente se rigen –por encima del concepto de cultura nacional– por los de unidad nacional y alianza popular que pueden hacer posible un desarrollo económico compartido; el manejo ideológico subraya las potencialidades estéticas del productor tradicional como medio para lograr la superación económica.[14]

Padre y patrón

Un último punto respecto a estos temas de la microindustria y la cultura, o más específicamente, a su importancia como elementos de transmisión ideológica, se presenta en el nivel de las relaciones internas de trabajo. En su estrato más pequeño, se consolidan las relaciones de parentesco al alargar por más tiempo la capacidad de retención de los miembros de la familia en la unidad de producción doméstica. En la microindustria se prolongan los papeles asumidos por cada miembro con anterioridad; se refuerzan o redefinen las relaciones de autoridad. En el primer caso, a menudo se identifican en una misma persona los atributos de padre y patrón. En el segundo, la ruptura de la dependencia económica de alguno de los miembros o la aportación grupal de ingresos familiares, cuestionan la

[14] Victoria Novelo, *ibid*, p. 239.

autoridad tradicional y emergen nuevos núcleos de decisión.

En la encuesta industrial de Jalisco,[15] la micro y la pequeña industrias se clasificaron en tres subestratos: artesanía familiar, taller extrafamiliar y taller manufacturero. En el primer tipo, las tres cuartas partes de su personal están constituidas por familiares; en el segundo, estos últimos representan 36% respecto del total del personal, y en el tercero, 15 por ciento.

El parentesco o la amistad desplazan el conflicto de sus dimensiones social e institucional, a un ámbito de relaciones personalizadas en donde lo psicológico ocupa un lugar destacado. Puede suceder, incluso, que tratándose de una empresa familiar, los conflictos se trasladen del hogar a la fábrica y ésta entre en crisis por problemas ajenos a su mundo laboral.

Se presenta también el caso contrario; las dimensiones de la unidad productiva permiten al propietario de la microindustria ejercer un tramo de control total sobre el personal; aunque cuente con ayudantes en labores de supervisión, conozca, y mantenga una relación personalizada con cada trabajador. Esta relación estrecha patrón-trabajador va más allá

[15] Los criterios para la estratificación fueron los siguientes: *1)* unidad artesanal familiar: establecimientos con un máximo de cinco personas; *2)* taller extrafamiliar: hasta 15 personas, y *3)* taller manufacturero: un máximo de 25.

de las meras relaciones de trabajo. Recorre los mundos familiar e interior de los empleados. El propietario cuenta con antecedentes sobre la familia del trabajador, sus gustos y debilidades, sus capacidades y problemas; existe entre los miembros de la industria una implicación personalizada que cumple funciones de integración e identidad y sirve como vehículo de formas ideológicas que dan cohesión y continuidad a la unidad de producción.

Se ha observado frecuentemente en pequeñas industrias de Guadalajara, que una vez que la empresa ha llegado a cierto nivel de expansión, las utilidades no se reinvierten en el mismo negocio para acrecentarlo, sino se destinan a la compra de inmuebles o a la creación de otras pequeñas empresas. La cuarta parte de los micro y los pequeños industriales de Jalisco tienen diversificadas sus actividades económicas entre sectores. Los de las unidades artesanales familiares y los talleres extrafamiliares tienen sus demás intereses, principalmente en la agricultura y en la ganadería; los dueños de los talleres manufactureros, en otras industrias.[16] El freno puesto por los pequeños empresarios al crecimiento vertical de sus industrias no es tan ilógico como a primera vista se manifiesta. En un contexto específico, es una alternativa para mantener el control so-

[16] Departamento de Programación y Desarrollo del Gobierno de Jalisco, *La situación industrial de Jalisco*, Guadalajara, DPD, diciembre, 1982, tomo I, cuadro III-3.

cial dentro de la empresa. Esto explica también que en muchos casos las empresas medianas se fraccionen en varios talleres pequeños para, además de aumentar su capacidad de maniobra ante el fisco, seccionar a los trabajadores, restarles fuerza y cohesión y capitalizar los recursos culturales ligados a lo pequeño.

El estudio de este modo de organización del proceso de trabajo, notablemente personalizado puede ser útil para entender la naturaleza y el funcionamiento de la pequeña producción. Por ejemplo, las relaciones familiares de producción que ejercen una presión social sobre el trabajo y lo constriñen en torno a la unidad doméstica.

En conclusión, la micro y la pequeña industrias desempeñan un papel vital dentro del actual modo de desarrollo en América Latina. No representan los vestigios de un modo de industrialización llamado a desaparecer y su función no se restringe únicamente a servir de complemento a la producción en gran escala. Su importancia proviene de la confluencia de elementos económicos, sociales, políticos y culturales, a través de los cuales se reproducen las sociedades latinoamericanas.

¿Qué está ocurriendo con estas micro y pequeñas empresas con el cambio de modelo de desarrollo? ¿La liberación de la economía y la participación de México en una zona de libre comercio en América del Norte las destruirá, o por el contrario, les abre nuevas alternativas? Trataremos de abordar estas interrogantes en el capítulo IV.

IV. LA MICROINDUSTRIA MEXICANA ANTE LA LIBERACIÓN ECONÓMICA Y EL TRATADO DE LIBRE COMERCIO DE AMÉRICA DEL NORTE

Carlos Alba Vega

Los grandes cambios en la política económica de México tienen efectos diversos para los empresarios dependiendo de su ubicación en cada rama de la actividad económica, sea industrial, comercial o de servicios, según la región en la que se encuentren ubicados y de acuerdo con las dimensiones de sus negocios y de su propio poder. En este trabajo nos proponemos examinar a los más pequeños de los productores industriales[1] a la luz de tres fenómenos de gran importancia: la crisis económica que estalló en

[1] Para este trabajo consideramos que es pequeña industria aquella que cuenta con un máximo de 25 trabajadores. En su interior agrupamos a los establecimientos en subestratos: las unidades artesanales familiares (hasta 5 personas), los talleres extrafamiliares (de 6 a 15) y los talleres manufactureros (de 16 a 25). Los dos subestratos más pequeños constituyen la llamada microin-

1982; la apertura comercial que se formalizó en 1986 con la incorporación de México al GATT, y la firma del Tratado de Libre Comercio con Estados Unidos y Canadá que empezó a operar en 1994.

El trabajo está dividido en tres partes. En la primera, se presentan algunas de las principales características de los productores más pequeños; en la segunda, se examina el comportamiento de este sector durante los años ochenta, y en la tercera, se discuten las consecuencias de la apertura comercial y los posibles efectos que tendrá sobre él, el Tratado Trilateral de Libre Comercio.

PEQUEÑOS PRODUCTORES INDUSTRIALES

Desde principios de los setenta los pequeños productores industriales despertaron el interés de organismos internacionales, de los gobiernos de diversos países y de muchos científicos sociales. Hasta entonces, la llamada pequeña producción mercantil se

---

dustria. La mediana industria comprende la manufactura mediana (hasta 50) y la manufactura grande (hasta 100). La gran industria está conformada por la industria grande (hasta 500) y la extragrande (más de 500). La Secretaría de Comercio y Fomento Industrial (Secofi) estableció la siguiente clasificación: microindustria, hasta 15 trabajadores; pequeña industria, de 16 a 100; mediana industria, de 101 a 250, e industria grande de 251 y más trabajadores.

había considerado como un vestigio de la protoindustrialización que tarde o temprano –se pensaba– habría de desaparecer. En el pensamiento económico de los siglos XIX y XX existió la convicción de que serían las grandes empresas manufactureras las que se encargarían de producir los satisfactores fundamentales y dejarían a las pequeñas unidades productivas algunos bienes marginales. A finales del siglo XX se observa, con asombro, que lejos de extinguirse, estos establecimientos han proliferado en gran parte del orbe y se han convertido en estratégicos para la sobrevivencia de amplios sectores de la población. Ahora se les llega a presentar, en América Latina, como alternativa ante la crisis del Estado como agente de desarrollo y como una expresión "desde abajo", de la necesidad de que existan mercados libres.[2]

Para el caso mexicano, las cifras de los establecimientos industriales indican que aunque la pequeña industria está constituida por más de 90% de las unidades productivas, en realidad la gran industria, que representa sólo 2% de los establecimientos registrados, ocupa a más de la mitad de los trabajadores y es responsable de tres cuartas partes de las

[2] Hernando de Soto, *El otro sendero*, Lima, El Barranco, 1986; Joseph Ganitsky, "Contraste de empresarios latinoamericanos enfocados a mercados internos y externos", en *Memorias del congreso latinoamericano: investigación en iniciativa empresarial*, Caracas, Babson College/Instituto de Estudios Superiores en Administración, 1-4 de noviembre de 1989.

remuneraciones, de la producción bruta y del valor agregado.[3]

En este contexto conviene plantear las siguientes preguntas: ¿por qué se revalora la importancia de la llamada microindustria cuando según las cifras oficiales son las grandes empresas, transnacionales o no, las que controlan la mayor parte de la producción industrial, la tecnología más desarrollada, la organización más compleja y llegan, incluso, a reorientar los hábitos de los consumidores?; ¿tiene la microindustria alguna relevancia económica, o es marginal y prolifera solamente en la coyuntura de la crisis?; ¿qué significado tiene la pequeña producción en el contexto de los países pobres cuyos niveles de crecimiento económico van a la zaga de su acelerado aumento de la población y de su expansión urbana?; ¿es la pequeña producción, bajo cualesquiera de sus formas, una alternativa real para combatir la pobreza?; ¿qué impacto han tenido sobre los pequeños productores industriales la crisis económica que se agudizó a principios de los ochenta y las políticas de ajuste, adoptadas por gran parte de los países latinoamericanos?; ¿qué efectos ha tenido sobre las pequeñas unidades productivas la apertura comercial de México en la segunda mitad de la década de los ochenta?; ¿qué implicaciones tiene para el mundo de las industrias, a muy peque-

[3] INEGI, *Censos Industriales*, México, Secretaría de Programación y Presupuesto, 1986.

ña escala, la participación de México en la zona de libre comercio de América del Norte?; ¿qué consecuencias políticas se desprenden de este modo de industrialización?, y finalmente, ¿cómo participan la micro y la pequeña industrias en el campo de la cultura, de la creación de valores, signos y símbolos? No tengo la pretensión de responder en forma detallada a estas interrogantes, sino de ubicar el campo de preocupaciones en torno a esta problemática.

Importancia de la pequeña industria

Existe un amplio consenso en valorar las unidades productivas de pequeña escala por sus pocas exigencias de capital en países pobres y sobrepoblados; por la aptitud que tienen para ubicarse con flexibilidad en gran diversidad de medios y, en ese sentido, de ser un factor de retención social en el campo; por su escasa dependencia tecnológica; por su orientación al mercado popular que al menos brindaría los satisfactores básicos a precios bajos, y sobre todo, por la capacidad que tienen de generar ocupación a la población rural, en su propio medio, o en las ciudades.

Sin embargo, existen otros factores económicos, sociales, políticos y culturales menos conocidos, pero igualmente importantes que conviene tomar en consideración.

Desde una perspectiva económica, participa en el proceso de acumulación de capital; hace viable la articulación productiva entre sectores heterogéneos y facilita su integración espacial y laboral a la órbita de producción capitalista;[4] gran parte de las pequeñas unidades productivas no están marginadas de la dinámica industrial, sea porque utilizan materias primas, máquinas y herramientas, o incluso subproductos o desperdicios de otras empresas; muchas de ellas están articuladas orgánicamente, pero por la asimetría de la relación, en forma subordinada a otros establecimientos industriales mayores; transfieren valor de unas empresas y ramas productivas a otras a través de los diferenciales de salarios y precios; asumen riesgos importantes de los grandes establecimientos, y son una fuente esencial de calificación y transferencia de personal.

Según el ángulo social, desempeñan un papel de esponja ocupacional al absorber a amplios sectores de la población utilizando poca inversión de capital; entre el contingente ocupacional de la pequeña industria están los sectores que por su temprana o avanzada edad no pueden ser integrados a la vida productiva por las empresas formales en razón

[4] Francisco Giner de los Ríos, "Microindustria y unidad doméstica", en Orlandina de Oliveira, Marielle Pepin Lehalleur y Vania Salles (comps.), *Grupos domésticos y reproducción cotidiana*, México, El Colegio de México/UNAM/Porrúa, 1989; Hubert Schmitz, "Restriçoes ao crescimento de industrias de pequena escala nos paises em desenvolvimento: uma revisão critica", en *Pesquisa e planificação econômica* 12(1), abril, 1982,, pp.149-201, publicado simultánamente en *World Development*, Oxford, Pergamon Press, 10 (6), 1982.

de disposiciones legales; además, han sido una vía privilegiada para el paso de las mujeres campesinas y urbanas al trabajo industrial remunerado, lo cual está modificando sus condiciones social y familiar.[5]

En el campo de lo político, tienden a inhibir y desplazar los conflictos y las tensiones sociales en detrimento de los productores directos. Por una parte, las pequeñas unidades productivas son empresas familiares cuyos trabajadores son parientes, amigos o paisanos. Algunos de los mecanismos informales de distensión están constituidos por el contacto directo entre propietarios y trabajadores, el tuteo, la participación conjunta en actividades deportivas, religiosas y otro tipo de ceremonias donde algunas veces ocurre una especie de catarsis. Por la otra, las atomizaciones geográfica y productiva, dificultan que los trabajadores, dispersos y desarticulados entre sí, negocien de manera eficaz sus derechos e intereses; no cuentan con formas de organización propias.

En el ámbito de la cultura, en el contexto de la crisis del Estado benefactor, del desmoronamiento de las economías socialistas y del auge del neoliberalismo, promueven un modelo social cimentado en valores, normas y comportamientos, que si bien destacan el esfuerzo personal necesario, la iniciativa y

[5] Mercedes González de la Rocha, *Los recursos de la pobreza. Familias de bajos ingresos de Guadalajara*, Guadalajara, El Colegio de Jalisco, 1986, y Orlandina de Oliveira, Marielle Pepin Lehalleur y Vania Salles (comps.), *op. cit.*

la creatividad, inculcan una idea de movilidad social y de oportunidad que difícilmente puede realizarse, como lo muestra la gran mortalidad de pequeños establecimientos o la inamovilidad en su escala de producción a pesar de la edad de tales establecimientos. La desregulación por parte del Estado; su retiro de la economía abrirá los espacios de participación en forma indiferenciada a todos los sectores sociales por igual. Pero falta saber cómo participará cada agente económico con su parcela menor o mayor de poder, en el conjunto de la sociedad.

Localización y cuantificación de la pequeña industria

La pequeña producción prospera por la confluencia de múltiples factores: densidad demográfica; tradición artesanal; presencia del capital comercial como organizador; ausencia de barreras tecnológicas y de capital para iniciar una actividad; existencia de un mínimo de condiciones básicas para ciertos trabajos, como electricidad que permita utilizar máquinas, o comunicaciones; acceso directo o indirecto a los mercados a través de intermediarios del trabajo, y dificultad para que el progreso técnico sustituya a costos competitivos, la flexibilidad y la versatilidad de una fuerza de trabajo abundante y barata.[6] Por estas

[6] Patricia Arias, "El proceso de industrialización en Guadalajara, Jalisco: siglo XX", *Relaciones. Estudios de historia y sociedad*, núm. 3, 1980, pp. 9-47; Cristina Padilla Dieste, "La industria de maquila en Jalisco", *Revista Jalisco*, I, 2, julio-septiembre de 1980, pp. 25-40.

razones, las ramas industriales donde predomina este tipo de producción en México, en orden de importancia decreciente son:[7] la alimentaria; los productos metálicos, como los talleres de herrería y de reparación (excepto los de maquinaria y equipo),[8] y la del vestido,[9] las cuales agrupan a casi la mitad (48%) de los trabajadores. Le siguen en importancia la industria editorial y la de impresión; la del calzado y del cuero;[10] la de minerales no metálicos (donde se encuentran muchos productos artesanales de cerámica), y la de muebles no metálicos.

[7] Datos elaborados con base en estadísticas de la Dirección General de Industria Mediana y Pequeña y de Desarrollo Regional, y de información procedente del Instituto Mexicano del Seguro Social.

[8] Ignacio Medina, "Un dinamismo frustrado: la industria metal-mecánica en Guadalajara", *Relaciones. Estudios de historia y sociedad*, núm. 3, verano de 1980, pp. 103-170.

[9] Silvia Lailson, "Expansión limitada y proliferación horizontal. La industria de la ropa y el tejido de punto", *Relaciones. Estudios de historia y sociedad*, núm. 3, verano de 1980, pp. 48-102.

[10] Patricia Arias, art. cit., pp. 171-253; S. Sánchez, R. Nieto y A. Urteaga, "Los trabajadores del calzado en Guanajuato", *Cuadernos Políticos*, núm. 24, México: abril-junio de 1980; Margarita Calleja, "Dependencia y crecimiento industrial: las unidades domésticas y la producción de calzado en León, Guanajuato", *Relaciones. Estudios de historia y sociedad*, núm. 17, invierno de 1984, pp. 54-85.

Desde una perspectiva territorial,[11] las pequeñas unidades de producción se localizan: principalmente, en la ciudad de México y sus alrededores, donde se encuentra casi la tercera parte del total nacional; en el centro y occidente, donde históricamente ha habido grandes oleadas de migrantes hacia Estados Unidos, como Jalisco y Guanajuato; en algunos estados que han sido núcleos de antigua implantación fabril, como Nuevo León (Monterrey) y Puebla, o los fronterizos del norte, de reciente industrialización, como Coahuila, Baja California, Chihuahua o Tamaulipas. En realidad puede observarse una correspondencia entre el ritmo y el grado de urbanización y la presencia de pequeños establecimientos productivos.

Es muy difícil cuantificar el número de establecimientos de este género, aun en los países desarrollados, porque gran parte de ellos funcionan dentro de la llamada economía subterránea o del sector informal.[12] Los registros oficiales no los toman en

[11] Datos elaborados con base en estadísticas de la Dirección General de Industria Mediana y Pequeña y de Desarrollo Regional, y de información procedente del Instituto Mexicano del Seguro Social.

[12] Existe una abundante bibliografía y una ya larga polémica sobre el sector informal. Algunos criterios con los que se distingue a estas unidades productivas son: la predominancia del trabajo no asalariado; la ilegalidad de los establecimientos (ausencia del pago de diversos impuestos, principalmente sobre la renta, del valor agregado y del seguro social), y la precariedad del trabajo, escasa calificación, ingresos directos e indirectos exiguos, prestaciones

cuenta y sólo indirectamente se pueden establecer algunos órdenes de magnitud. Algunas instituciones gubernamentales calculan por lo menos en cien mil el número de establecimientos industriales informales, es decir, el doble de los que estaban ofi-

---

por debajo de la reglamentación laboral (carencia de primas, vacaciones pagadas, reparto de utilidades, servicios médicos, protección o seguridad social). Algunas de las publicaciones que pueden consultarse son las siguientes: Comisión Económica para América Latina y el Caribe, *The Dynamics of Social Deterioration in Latin America and the Caribbean in the 1980's*, Santiago de Chile, CEPAL, Referencia LC/g 1557, mayo, 1989; Fernando Cortés y Óscar Cuéllar (coords.), *Crisis y reproducción social. Los comerciantes del sector informal*, México, Flacso-Porrúa, 1990; Emilio Klein y Víctor Tockman, "Sector informal: una forma de utilizar el trabajo como consecuencia de la manera de producir y no viceversa. A propósito del artículo de Portes y Benton", *Estudios Sociológicos*, México, El Colegio de México, vol. VI, núm. 16, enero-abril, 1988, pp. 205-212; Rafael Menjívar Larín y Juan Pablo Pérez Sainz (coords.), *Informalidad urbana en Centroamérica. Entre la acumulación y la subsistencia*, Caracas/San José, Nueva Sociedad/Flacso, 1989; de los mismos autores, *Informalidad y género en Centroamérica*, San José, Flacso, 1993; Alejandro Portes, Manuel Castells y Lauren A. Benton, *The Informal Economy: Studies in Advanced and Less Developed Countries*, Baltimore, The Johns Hopkins University Press, 1989; PREALC, *Informal Sector, as in PREALC*, Santiago de Chile, PREALC/Documento de Trabajo 349, agosto de 1990; François Roubaud, *Deux ou trois choses que je sais de lui. Le secteur informel au Mexique*, tesis de tercer ciclo en economía, París, Université de Paris X-Nanterre, UFD d'Économie, 1991; Víctor Tockman y Paulo Renato de Souza, "El sector informal urbano en América Latina", *Revista Internacional de Trabajo*, 1976; Víctor Tockman (coord.), *Más allá de la regulación. El sector informal en América Latina*, Santiago de Chile, PREALC, 1990.

cialmente registrados como microindustrias en el Instituto Mexicano del Seguro Social (IMSS) para la misma época (1991). Las principales razones que desde diversas perspectivas analíticas y posiciones ideológicas se han formulado para explicar la proliferación de la microindustria dentro del sector informal, tienen que ver con la presencia del Estado en la economía y en la sociedad.

En primer lugar, se refieren a los impuestos al consumo, la renta, trabajo, comercio y seguro social.

En segundo lugar, a la regulación, a través de diversos tipos de leyes y reglamentaciones y al crecimiento del personal burocrático en áreas de los mercados laboral, financiero y de divisas, para dictarlas, administrarlas y hacerlas cumplir, todo lo cual encarecería las actividades productivas y engendraría fenómenos de corrupción y de intermediación como el "coyotaje" o la "mordida", para agilizar los trámites o esquivar las propias reglamentaciones. Como los sectores populares no siempre pueden participar económicamente en estos actos de cohecho, están en una situación desventajosa respecto a los agentes con poder económico. Las principales regulaciones laborales están relacionadas con el establecimiento de los salarios mínimos, las jornadas máximas de trabajo, el pago de horas extra, el control de la seguridad y la higiene industriales, así como de la edad mínima o máxima de los trabajadores, o de su condición jurídica, si son inmigrantes, o ciertas prestaciones para casos de accidente, maternidad o jubilación. En lo que concierne a los bienes y servicios, el control de precios y, en algunos países, el racionamiento de productos, que tienen como consecuencias, la escasez, el encarecimiento, el desestímulo a la producción y la aparición del mercado negro.

En tercer lugar, a la prohibición de actividades consideradas como socialmente indeseables o delictuosas, lo que conduce a un aumento en el precio de esos productos o servicios y los hace más peligrosos.

En cuarto lugar, a los caminos que busca el capital para optimizar la ganancia mediante diversas formas de utilización y gestión de la fuerza de trabajo.

Lógicas de producción a pequeña escala

La pequeña producción industrial comprende un conjunto muy amplio y heterogéneo de actividades y de lógicas de producción que van más allá de su mera clasificación en términos cuantitativos, según indicadores, como el personal ocupado o las ventas. Para efectos analíticos podrían dividirse en tres grupos:

1) La *unidad artesanal*, se caracteriza por la identidad entre el productor y el propietario quien, generalmente, trabaja por su cuenta y sin intermediación alguna coloca su producto directamente en el mercado. Sin embargo, existen casos en que el artesano, aun siendo dueño de sus medios de producción, de sus materias primas y de sus conocimientos, no entra en contacto directo con el utilizador de sus productos, sino depende de un intermediario-empresario que ejerce un poder directo sobre la producción del artesano por el control financiero, de las materias primas, de la tecnología o del mercado. En todo caso, la calidad, eficacia y volumen de la producción dependen directamente de la habilidad del artesano. Un rasgo que distingue a la organización del proceso de trabajo de los artesanos es que confeccionan las mercancías en su totalidad, para lo cual realizan todas las operaciones necesarias para la fabricación, con muy poca división del trabajo y un uso muy limitado del capital técnico.

2) La *industria capitalista a domicilio*, por la importancia de la mano de obra que emplea, es la forma principal de producción no agrícola de los siglos XVI al XVIII en la Europa occidental.[13] En este tipo de establecimientos, los comerciantes ejercen el control de las materias primas y del financiamiento de la producción, y reducen a los artesanos a la condición de asalariados a domicilio u obreros extramuros. Bajo diversos nombres y formas se ha analizado este modo de industrialización que parece cobrar bríos en varios países latinoamericanos. El *Verlagssystem*, en Alemania; *putting out system*, en Inglaterra; *travail à façon*, en Francia, o trabajo por

[13] Fernand Braudel, *Civilization matérielle, économie et capitalisme, vol. III, Le Temps du monde*, París, Armand Colin, 1979; Peter Kriedte, Hans Medick y Jürgen Schlumbohm, *Industrialización antes de la industrialización*, Barcelona, Editorial Crítica, 1986.

encargo, de maquila o a domicilio en América Latina, consiste en una organización de la producción en la cual el comerciante es el "encargador" de trabajo, suministra al "artesano" la materia prima y una parte de su salario, y el resto lo paga a la entrega del producto final.

3) El *taller industrial o manufacturero* se distingue de los precedentes no sólo por su mayor tamaño, sino por una más rigurosa división del trabajo, la cual favorece el incremento de la productividad en razón de tres factores fundamentales ya observados por los economistas clásicos británicos del siglo XVIII: el aumento de la habilidad de cada obrero, la ganancia de tiempo, antes perdida por el cambio de tarea, y la invención de máquinas y métodos que facilitan y abrevian el trabajo. Estos talleres se distinguen también del trabajo artesanal y de la producción industrial a domicilio porque no están basados en el trabajo familiar, sino utilizan en forma predominante e intensiva la fuerza de trabajo asalariada, disponen de una tecnología más importante y variada y trabajan según un horario más rígido.

Estos tres tipos de pequeñas industrias pueden funcionar de manera independiente, pero por lo general, están subordinados –sobre todo la industria capitalista a domicilio y, en menor medida, los talleres– a otros establecimientos más importantes que practican la subcontratación o el trabajo por encargo. En razón del bajo nivel de capitalización de la unidad doméstica, de su dispersión geográfica, de la utilización reducida de los modelos tecnológicos, y aun a pesar de que los medios de producción sean propiedad personal de la familia, se trata en realidad, de una célula manufacturera. Aunque esta unidad productiva esté dispersa geográficamente, permanece ligada de manera orgánica a una matriz que controla a la vez la producción, en el nivel calidad/cantidad, y los salarios, los cuales dependen de un contrato de compra-venta realizado con pequeños productores "independientes", pero en el fondo están calculados a un precio determinado.

Podrá entenderse fácilmente que este tipo de establecimientos productivos tiene muchas diferencias, aunque algunas cosas en común con los establecimientos industriales de dimensiones medianas y grandes. Pero es evidente que constituyen la inmensa mayoría de las industrias de México y de muchos otros países latinoamericanos.

La microindustria como una forma de especialización flexible

La microindustria ha puesto en evidencia sus capacidades económica y social, no sólo en actividades consideradas como periféricas o marginales, sino también, bajo su forma de especialización flexible, en acciones que son centrales al desarrollo del propio sistema económico. Su importancia se ha puesto de manifiesto no tanto en los momentos de crecimiento fácil, sino sobre todo en los periodos de crisis. Si el modelo fordista de producción masiva, declina en los países desarrollados, emergen las actividades basadas en estructuras menos rígidas y más adaptables, como las denominadas de especialización flexible.

Este tipo de producción industrial no es exclusivo de las pequeñas empresas; algunas grandes industrias se descentralizan en unidades especializadas semiautónomas y adoptan nuevas técnicas organizativas (justo a tiempo y calidad total) cuando los mercados no son estables y algunos conceptos como el de las economías de escala, dejan de ser variables clave. Ante mercados, productos y procesos de producción cambiantes, la innovación y la flexibilidad adquieren un lugar central.

Sin embargo, son las microempresas las que han mostrado, en algunas regiones de Europa, una cualidad especial para formar cadenas productivas (*clustering*) y redes entre industrias del mismo rango (en especial en los distritos industriales del noreste de Italia) o según esquemas de subcontratación vertical (Japón) bajo la forma de especialización flexible. Este sistema consiste en la manufactura de una variedad muy amplia de productos destinados a mercados siempre cambiantes, realizada por trabajadores calificados, versátiles y adaptables, que utilizan maquinaria de uso múltiple para realizar varias partes del proceso de trabajo. Las nuevas tecnologías que utilizan sistemas de computación, han facilitado la producción eficiente a pequeña escala.[14] La innovación y la flexibilidad tienen que ver con los análisis a nivel intra e interfirma. En este último caso, las ventajas de los encadenamientos productivos permiten obtener beneficios en eficiencia y flexibilidad pocas veces conseguidos por empresas individuales o aisladas.

El debate sobre la especialización flexible nació a mediados de los años ochenta para referirse al cambio industrial en los países desarrollados.[15] ¿Puede hablarse con propiedad de especialización flexible en la pequeña industria de los países en desarrollo? No existe un consenso al respecto. Para algunos analistas, la especialización flexible en estos países que se abren recientemente a la economía global a un grado sin precedentes, se encuentra ante un dilema. Por una parte, las grandes empresas son rígidas y tienen muchas dificultades para adaptarse a los cambios del mercado internacional. Por

[14] Sobre este tema puede consultarse el trabajo de Jesper Rasmussen, Hubert Schmitz y Meine Pieter van Dijk, "Introduction: Exploring a New Approach to Small-Scale Industry", *IDS Bulletin*, vol. 23, núm. 3, 1992, pp. 2-7.

[15] El término fue acuñado por M. Piore y C. Sabel, *The Second Industrial Divide: Possibilities for Prosperity*, Basic Books, Nueva York, 1984, para designar una nueva forma de organización de la producción industrial, distinta al modelo fordista de producción masiva, que caracterizó al periodo industrial de la posguerra. Para el debate sobre la especialización flexible puede consultarse W. Sengenberger, G. Loveman, y M. Piore (eds.), *The Reemergence of Small Enterprises: Industrial Restructuring in Industrialized Countries*, Ginebra, International Institut for Labour Studies, 1990.

la otra, las microempresas, más adaptables y flexibles, operan a baja productividad en sectores tradicionales con pocas innovaciones y también con poca división del trabajo entre las empresas de dimensiones similares.

Los principales atributos del paradigma de la especialización flexible para el estudio de la microempresa, que generalmente no están presentes en otro enfoque como el del sector informal, según algunos estudiosos del tema,[16] son los siguientes: en primer lugar, la incorporación de la variable espacial. La proximidad geográfica y la aglomeración, son consideradas como cruciales para el éxito de las microempresas. Gracias a ellas, las empresas pueden establecer redes de intercambios productivos, de división del trabajo y, en general, de cooperación entre ellas; caminan hacia una "eficiencia colectiva" que no necesariamente conduce a una igualdad o equilibrio entre tales empresas, sino que puede producir diferenciación. En segundo lugar, factores socioculturales como las relaciones entre grupos étnicos, religiosos o familiares, influyen en la confianza y la reciprocidad, bases fundamentales del desarrollo de los pequeños negocios. En tercer lugar, la atención explícita al papel que desempeñan las instituciones locales para el desarrollo de las

[16] Jesper Rasmussen, Hubert Schmitz y Meine Pieter van Dijk, art. cit.

empresas, tanto de las públicas (agencias de promoción de los gobiernos locales y regionales) como de las organizaciones y asociaciones empresariales (cámaras, asociaciones empresariales, consorcios...). Finalmente, bajo el enfoque de la especialización flexible se observa a la microempresa no sólo como una unidad productiva que reacciona defensivamente ante ambientes económicos y socioculturales determinados, sino también actúa, toma decisiones correctas o equivocadas.

Este conjunto de características hace pensar que en los países en desarrollo, sólo un sector reducido de microempresas cabe en el paradigma de la especialización flexible. Así lo han mostrado estudios de campo en África y en Asia. En América Latina, las oportunidades de éxito, bajo el esquema de la especialización flexible parecen mayores, por lo menos en los países más grandes e industrializados, aunque siguen siendo una fracción de la élite.

En el caso mexicano pueden distinguirse al menos dos tipos que funcionan según el esquema de la especialización flexible: el de algunas pequeñas unidades productivas modernas del centro y occidente de México y el de las norteñas ligadas al auge maquilador.

Para el primer caso, se pueden identificar microempresas modernas en los sectores de alimentos, confección, calzado, productos de cuero y piel, productos de vidrio y cerámica, regalos decorativos y productos de plástico. Fiona Wilson ha estudiado el caso[17] de la industria de la confección en pequeños talleres que emplean a unos cuantos trabajadores asalariados y llega a la conclusión de que este sector, ubicado en cerca de 50 o 60 pueblos, aunque minoritario respecto a los talleres más tradicionales, puede ser considerado como perteneciente a la especialización flexible. Según sus hallazgos, en el momento en que surgieron estas microempresas, desde los años cincuenta, los intereses colectivos y la cooperación entre ellas era mayor que años más tarde, cuando crecieron y aumentaron las desigualdades entre los talleres.

En la frontera norte de México, encontramos que la especialización flexible se manifiesta en diversos órdenes dentro de la industria. Algunas microempresas, producen directamente para nichos de un mercado relativamente reducido del sur de Estados Unidos, el cual no puede ser atendido por grandes empresas, aptas para la competencia y la productividad sólo en el marco de una economía de escala. En otros casos, las maquiladoras y sus cambiantes necesidades han engendrado un tipo variado de microempresas proveedoras de cuatro géneros de bienes y servicios: *1)* Construcción y acondicionamiento de las naves industriales de las maquiladoras en el momento de su instalación. Esta relación es

[17] Fiona Wilson, "Modern Workshop Industry in Mexico: On its Way to Collective Efficiency?", *IDS Bulletin*, vol. 23, núm. 3, 1992, pp. 57-63.

coyuntural y ocurre una sola vez por empresa; *2)* las que brindan bienes y servicios de limpieza y alimentación, que son las más tradicionales y las menos innovadoras a nivel de la producción industrial; *3)* fabricación y reparación de partes y equipos de repuesto para la maquinaria de las maquiladoras que se desgasta o se descompone, especialmente piezas metálicas que son trabajadas con tornos y fresadoras, y *4)* partes y materiales que son incorporados directamente a la producción de las maquiladoras como las tablillas electrónicas, los troqueles metálicos y las piezas a base de inyección de plástico. Este vínculo entre las micro y las grandes empresas es el más reciente, flexible e innovador, aunque también el más difícil de conseguir. En Ciudad Juárez existe, desde 1993, una Asociación de Proveedores para la Industria Maquiladora de Exportación (Apimex), que agrupa a más de 35 empresas; la mayor parte de ellas son pequeñas y presentan las características fundamentales de la especialización flexible. Sus propietarios son, generalmente, ingenieros o técnicos que trabajaron en empresas maquiladoras; disponen de tecnología sofisticada y versátil, aplicable a las microempresas, como las máquinas de control numérico; han adoptado nuevos sistemas organizativos y administrativos, muchas veces provenientes de las maquiladoras, como el justo a tiempo, los programas de control de calidad total o los círculos de calidad; cuentan con trabajadores altamente calificados según los estándares locales;

atienden pedidos siempre cambiantes; son empresas muy dinámicas que se encuentran en expansión. El éxito de estas microempresas está en relación con su ambiente sociocultural y su integración al "sistema industrial fronterizo".

PEQUEÑOS PRODUCTORES EN LA DÉCADA DE LOS OCHENTA

Desde el ángulo del mercado de trabajo, los años ochenta se caracterizaron por un aumento en el ritmo de terciarización de la economía, por la pérdida de capacidad del sector manufacturero para generar nuevas ocupaciones, por el freno a la proletarización de la fuerza de trabajo y por la expansión de los establecimientos con una o dos personas.

a) La industria manufacturera ha perdido lugar progresivamente ante los servicios, a pesar de la gran expansión del empleo en la maquila, el cual casi se quintuplicó en diez años, al pasar de 119 546 personas ocupadas en 1980, a 482 400 en octubre de 1990.[18]

Si en 1975 el comercio ocupaba a un tercio del personal total y en 1989 no se había modificado esa proporción, en el caso de la manufactura, la participación disminuyó de 47 a 36%, mientras que los servicios aumentaron de 20 a 31% para los mismos

[18] Carlos Salinas de Gortari, *II Informe de Gobierno. Anexo*, México, Presidencia de la República, noviembre, 1990, p. 298.

años.[19] La caída de la demanda y la competencia internacional en su propio territorio condujeron al capital y a los trabajadores a buscar espacios de ganancia en el comercio, y sobre todo en los servicios y de sobrevivencia en el otro.

Dentro de la industria formal, una proporción reducida del empleo, sólo 7.5% de ese sector, está constituida por fuerza de trabajo no asalariada; en cambio en el comercio representa 45% y en los servicios 17. El ritmo de crecimiento del empleo industrial manifestó dos velocidades: la primera, de 1980 a 1985, con una tasa media anual de 3%, a pesar de la crisis de 1982; la segunda, de 1985 a 1989, cuya tasa descendió a 1.8%,[20] como consecuencia de la liberalización económica, de los pactos estabilizadores que a partir de 1987 frenaron los precios y los salarios, y de la restructuración de varias ramas industriales. Ocurrieron dos fenómenos paralelos: la ampliación del sector informal y de los microestablecimientos.

b) La expansión del sector informal. Por sus propias exigencias internas y por imperativos de los agentes económicos externos que las sostienen, gran parte de las pequeñas unidades productivas se

[19] Teresa Rendón y Carlos Salas, "El mercado de trabajo no agrícola en México. Tendencias y cambios recientes", en *Ajuste estructural, mercados laborales y TLC*, México, El Colegio de México/Fundación Friedrich Ebert/El Colegio de la Frontera Norte, 1991, pp. 13-31.

[20] *Idem.*

ha desplazado en las últimas dos décadas, pero sobre todo después de 1982, del llamado sector formal al informal. Lo ha hecho como una estrategia de sobrevivencia, para hacer frente a la fuerte competencia de otras industrias, a la crisis económica, a ciertas regulaciones del Estado y, al mismo tiempo, al fenómeno de la desregulación. Esta salarización restringida en favor de la informalización ampliada, vinculada a la crisis y a las políticas de ajuste que han sufrido los países latinoamericanos, puede constatarse con algunas cifras provenientes de la CEPAL. Entre 1980 y 1987, la población ocupada en el sector urbano informal, en Argentina, pasó de 26 a 29%; en Brasil, de 24 a 30%; en Colombia, de 32 a 37%; en Costa Rica, de 28.6 a 29.1%; en Chile, de 36.1 a 32.1%; en Venezuela, de 25.8 a 25%, y en México, uno de los mayores incrementos, de 24.2 a 33 por ciento.[21]

La informalización puede observarse también, a través del comportamiento del empleo no asalariado, el cual tuvo una notable expansión en México después de 1987. Por ejemplo, entre 1987 y 1989 creció al doble que el asalariado en ciudades como México (27.6% contra 14.85) y Guadalajara (9.6 contra 4.8 por ciento).[22]

[21] Comisión Económica para América Latina y el Caribe (CEPAL), "The Dynamics of Social Deterioration in Latin America and the Caribbean in the 1980's" Santiago de Chile, CEPAL, Referencia LC/g 1557, mayo, 1989.

[22] Teresa Rendón y Carlos Salas, art. cit., pp. 13-31.

Las medianas y las grandes empresas disponen de mayor capacidad de maniobra que las pequeñas para enfrentar la crisis, aunque su flexibilidad sea menor. Las principales medidas que han adoptado son: el despido de personal, comenzando con el temporal y el de más reciente ingreso; la suspensión o reducción del trabajo por encargo que efectuaban con pequeños negocios; la negociación de los créditos; la modernización tecnológica y la búsqueda de mercados en el exterior. Varias de estas estrategias repercuten en los pequeños establecimientos, los cuales han tenido que cargar con gran parte del peso de la crisis. Según una encuesta industrial[23] que aplicamos en 1981 a 1 244 establecimientos industriales de Jalisco, 53% de las empresas tenía menos de diez años de existir, en comparación con 20% de las grandes. Cuatro años después, en plena crisis, 530 de las 921 pequeñas empresas que habían sido entrevistadas, es decir, 58% ya no estaban registradas.

Ante la crisis, gran cantidad de microindustrias se informalizaron al mismo tiempo que redujeron la contratación de personal asalariado y recurrieron más al trabajo familiar, sobre sobre todo al femenino, por lo cual se amplió más la proporción de mujeres que realizan la doble jornada. La respuesta de los hogares a la política de ajuste, más que canalizarse por la

[23] Departamento de Programación y Desarrollo del Gobierno de Jalisco, *La situación industrial de Jalisco*, Guadalajara, UNED, diciembre, 1982.

vía de demandas políticas, consistió en imponer mayores exigencias a sus miembros.[24]

La informalización de la producción industrial ha sido un recurso para disminuir obligaciones fiscales, evitar pagos de seguridad social y tener una nómina salarial más reducida. Desde una perspectiva espacial, a partir de principios de los años setenta la producción se dispersó a través del trabajo a domicilio en las colonias populares, las ciudades pequeñas y el medio rural.

c) Proliferaron, además del sector informal, los microestablecimientos industriales y sobre todo comerciales y de servicios que están registrados oficialmente y cuentan con uno o dos trabajadores, los cuales sólo con un esfuerzo eufemístico podrían denominarse microempresas. Este fenómeno, que se presenta algunas veces como un signo de que están creciendo las oportunidades de iniciar negocios, o como un resurgimiento de la "mentalidad emprendedora", necesita analizarse con la incorporación de otros elementos. Parece el resultado complejo de un conjunto de factores:

- el freno al trabajo asalariado y la búsqueda de oportunidades por cuenta propia;
- una alternativa de quienes fueron despedidos con la restructuración y el ajuste;

[24] Fernando Cortés y Rosa María Rubalcava, *Autoexplotación forzada y equidad por empobrecimiento*, México, El Colegio de México, 1990 (Jornadas 120).

• la reaparición de algunos oficios y actividades de reparación y mantenimiento, así como la preparación de alimentos en el contexto de una población con mayor deterioro en su capacidad adquisitiva;

• la mayor cobertura censal como resultado del incremento notable, a partir de 1988, en la fiscalización de pequeños establecimientos que anteriormente evadían los registros y los pagos y, en el caso del IMSS, de la incorporación al seguro voluntario ante la severidad de la crisis, y

• la contracción de algunos establecimientos que anteriormente se ubicaban en estratos de mayores dimensiones.

A partir de varios estudios de caso sobre pequeños establecimientos industriales, realizados, sobre todo, en Guadalajara, pero también en diversas regiones del occidente de México y de la propia capital nacional, se pueden desprender algunas conclusiones sobre la microindustria y los sectores populares ante la crisis económica.

Los trabajadores ocupados en la microindustria formal, han visto más reducidos sus salarios que los que trabajan para las grandes empresas.[25] Sin embargo, a partir de 1987 en que se firmó el Pacto de Solidaridad entre el Estado, los empresarios y las

[25] Agustín Escobar, "The Rise and Fall of an Urban Labour Market: Economic Crisis and the Fate of Small Workshops in Guadalajara, Mexico", *Bulletin of Latin American Research*, vol. VII, núm. 2, 1988, pp. 183-205.

centrales oficiales de trabajadores para frenar la inflación, a raíz de la contención salarial se ha propiciado un notable incremento en la rotación de los trabajadores de las empresas formales. Los empresarios *motu proprio* han tenido que aumentar los salarios mínimos por encima de lo estipulado en el pacto para poder retener a su gente. Los productos elaborados por la microindustria, que castigan generalmente la calidad en favor de un bajo precio, destinados a un mercado de bajos ingresos, sufrieron un marcado descenso durante la crisis.

La gran liberalización económica de 1986, con la que México redujo drásticamente sus aranceles con mayor rapidez y más allá de lo que le exigía su participación en el GATT, afectó a muchos pequeños establecimientos industriales; por razones recíprocas, estimuló a los comerciales y de servicios personales. Muchos bienes creados en la microempresa, ya sin barreras proteccionistas, se enfrentaron a la gran competencia de mercancías asiáticas, como son los casos del calzado y de la ropa. De acuerdo con los datos preliminares de una segunda encuesta industrial, que realizamos en Guadalajara en 1989 en 900 establecimientos, las tres cuartas partes de las grandes industrias consideraron benéfico el ingreso de México al GATT, mientras que sólo la cuarta parte de los pequeños industriales estuvo de acuerdo con él.[26]

[26] Carlos Alba Vega y Bryan Roberts, "Crisis, ajuste y empleo en México: la industria manufacturera de Jalisco", *Estudios Socioló-*

Los créditos de la banca privada, y aun los fondos gubernamentales, destinados al apoyo industrial, se concentraban a principios de los ochenta en la mediana y la gran industrias. Por ejemplo, la encuesta realizada en Jalisco, en 1981, mostró que el crédito de habilitación y avío (capital de trabajo) es empleado únicamente por 4% de los establecimientos artesanales familiares (hasta cinco trabajadores), por 16% de los talleres extrafamiliares (de seis a 15 trabajadores), por 35% de los talleres manufactureros (de 16 a 25 trabajadores), y así sucesivamente, hasta llegar a 63% para la industria extragrande (más de 500 trabajadores). Respecto a los fondos oficiales, sólo 12% del total de las empresas los recibieron, pero se distribuyeron en forma inversamente proporcional al tamaño de las industrias, menos de 1% de las unidades artesanales familiares, 6% de los talleres extrafamiliares, 17% de los talleres manufactureros, 28% de la mediana industria (de 25 a 50 trabajadores), 37% de la industria grande (hasta 500 trabajadores) y 25% de la industria extragrande (más de 500 trabajadores).[27]

Es importante averiguar qué cambios han ocurrido en la asignación de créditos comerciales y oficiales hacia la micro, la mediana y la gran indus-

gicos, vol. VIII, núm. 24, México, El Colegio de México, septiembre-diciembre, 1990, pp. 463-490.

[27] Carlos Alba Vega y Dirk Kruijt, *Los empresarios y la industria de Guadalajara*, Guadalajara, El Colegio de Jalisco, 1988.

trias en los últimos años. Hipotéticamente, los créditos oficiales debieron haberse encauzado en mayor proporción hacia la microindustria a través de Nacional Financiera, una vez que se liberaron los recursos crediticios por la venta de las empresas paraestatales, antes grandes absorbedoras de créditos gubernamentales. Sin embargo, el alto costo financiero del dinero, hasta mediados de los noventa, sigue siendo un gran impedimento para el financiamiento de la microindustria.

Una cronología de las políticas de apoyo a las micro, pequeña y mediana industrias es la siguiente. En 1953 se estableció el Fondo de Garantía y Fomento a la Industria Mediana y Pequeña (Fogain), administrado por Nacional Financiera y la Banca Nacional de Desarrollo. Éste es el más antiguo e importante fondo de apoyo explícito a las pequeña y mediana industrias. Fogain funcionó como banca de segundo piso para el otorgamiento de créditos. La distribución de cada tipo de crédito no varió de manera notable a través del tiempo (habilitación y avío o capital de trabajo, 61% del total; refaccionario, para la adquisición de maquinaria y equipo, 36% y el hipotecario, para restructuración de la deuda, 3%). Lo que sí se modificó drásticamente fue la cantidad y el número de créditos concedidos a partir de 1973. Desde el inicio de operaciones, en 1954-1973, Fogain garantizó 13 260 créditos, equivalentes a 680 por año; desde 1973 hasta 1980, garantizó 27 028 créditos, un promedio de 3 603 cada año. Desde su creación hasta 1980, apoyó a 23 807 empresas (54% fueron industrias productoras de bienes de consumo tradicional; 38% de bienes de consumo intermedio, y 8% productoras de bienes de capital).

Durante la administración de Salinas de Gortari el apoyo crediticio había alcanzado en 1989 a 11 456 empresas (55% micro y 38% pequeñas), y en 1922 a 93 083 empresas (30% para la industria, 44% para el comercio y 26% para empresas de servicios).[28]

En 1977 se creó el Programa de Apoyo Integral a la Industria Mediana y Pequeña. En 1984, el Programa Nacional de Fomento Industrial y Comercio Exterior destinó una sección a las industrias mediana y pequeña. En 1985, se inició el Programa para el Desarrollo Integral de la Industria Mediana y Pequeña. En enero de 1988, se promulgó la Ley Federal de Fomento a la Microindustria, y en mayo de 1993, la Ley de las Empresas Integradoras.[29]

[28] Estos datos y una discusión sobre la política del Fogain, se encuentran en el trabajo de Jane Horvath, "Whom Did They Assist?: 1954-1980", *Small and Medium Scale Manufacturing in Mexican Development, 1954-1989*, Nueva York y Londres, Garland Publishing, 1991, pp. 67-78. El análisis más reciente se encuentra en el trabajo de José Luis Méndez: "Política industrial y política hacia la micro, pequeña y mediana industria en México en el sexenio de Salinas de Gortari" en *Foro Internacional* (en prensa).

[29] Para una evaluación de las políticas de apoyo a las micro, pequeña y mediana empresas, puede consultarse José Luis Méndez, "La apertura comercial y la política hacia la micro, pequeña y mediana industria en México en los 1990's" (sic), Avance de investigación presentado como ponencia en el *XVIII Congreso de*

El nivel escolar de los microindustriales es un elemento que no facilita sus negociaciones ante las diversas agencias gubernamentales, sea para efectos fiscales, contables y administrativos, o crediticios. En la Encuesta de Guadalajara, de 1981, se pudo observar que el máximo grado de estudios de los pequeños industriales (hasta 25 trabajadores) es de primaria completa para 61%, mientras que 49% de los medianos (de 26 a 100 trabajadores) y 64% de los grandes industriales (más de 100 trabajadores) cuentan con estudios universitarios.

Sin embargo, el mayor impedimento para el financiamiento de los pequeños productores sigue siendo la política crediticia, tanto de la banca reprivatizada como de la de desarrollo.

La encuesta a microempresarios de la ciudad de México

En una encuesta industrial[30] aplicada en 1990 a una muestra de 256 establecimientos ubicados en la ciudad de México, con un máximo de 15 trabajadores, se encontró lo siguiente: dos terceras partes de las microempresas no están legalmente constituidas,

---

LASA, Atlanta, marzo de 1994 (de próxima publicación en la Universidad Iberoamericana); Jane Horvath, *op. cit.*

[30] Manuel J. Carvajal, Anne M. Fiedler y Florencia González N., *La microempresa en México: problemas, necesidades y perspectivas*, México, Instituto de Proposiciones Estratégicas, 1990.

principalmente en las unidades donde coexisten lugar de trabajo y vivienda, en la producción de alimentos, fundiciones, herrerías y cerrajerías, así como en los aparatos y equipos mecánicos y eléctricos. La cuarta parte pertenece a la Canacintra.

En nueve de cada diez casos, el microindustrial es hombre; en la mitad de los casos su edad está comprendida entre los 26 y los 40 años. Más de dos terceras partes dependen del trabajo de su familia.

La escolaridad del microindustrial es la siguiente: 4% nunca pasó por las aulas; 38% no terminó la primaria; 23% cuenta con estudios secundarios; 17% con preparatoria, y otro 17% con estudios universitarios.

Los ingresos de quienes dirigen estos pequeños negocios son muy bajos: 60% no sobrepasa el equivalente a tres salarios mínimos, casi la cuarta parte gana entre tres y diez veces el salario mínimo y sólo 11% obtiene un salario más de diez veces superior al mínimo. Como tendencia se observa que los más bajos salarios se concentran entre los jóvenes, los solteros y los menos escolarizados.[31] Es importante señalar que los ingresos de los microindustriales

[31] Estas tendencias coinciden con los resultados de investigaciones para otras ciudades de México, tales como Guadalajara y la ciudad de México, o las capitales de los países centroamericanos. Ver respectivamente Agustín Escobar, art. cit., pp. 183-205; François Roubaud, *op. cit.;* Juan Pablo Pérez Sainz y Rafael Menjívar Larín (coords.), *Informalidad... op. cit.*

que pertenecen al llamado sector informal, que en esta investigación se distinguen por no estar afiliados a ninguna cámara ni organización empresarial, cuentan con los ingresos más bajos. El 65% de los que laboran en la economía subterránea perciben los salarios más bajos y cuentan con familias más numerosas que sus contrapartes formales.

El principal obstáculo que encontraron en el momento de iniciar sus unidades de producción fue la falta de fuentes de financiamiento (en particular en las de más reciente creación). Los inconvenientes de los trámites legales, administrativos y fiscales afectan más a los menos escolarizados.

El recurso crucial de la microindustria es la fuerza de trabajo, cuyo número, según este estudio, no varía con la edad de la empresa o del empresario; se trataría de una mano de obra de familiares (dos de cada tres microempresarios la utilizan) con gran estabilidad en el trabajo. En cambio, los microempresarios con mayor escolaridad son los que cuentan con más de cinco trabajadores. La gran mayoría de los informantes (76%) no menciona la existencia de problemas vinculados con el personal, aunque algunos, sobre todo entre los más grandes y más escolarizados, se quejan de ausentismo, retardos, inexperiencia, rotación y hasta deslealtad.

La microindustria ante la apertura comercial y el Tratado de Libre Comercio

No existe información desagregada que nos permita analizar a los pequeños productores a nivel nacional con detalle para cada clase de actividad económica. Sin embargo, con los datos disponibles se puede saber que la evolución de la balanza comercial de las ramas de la industria textil, del vestido, del calzado y del cuero,[32] tomadas en conjunto, después de haber sido favorable para México, dos años después de la apertura comercial empezó a manifestar un deterioro provocado por el fuerte incremento en las importaciones, el cual se tradujo en déficit a partir de 1989. Según declaraciones de los microindustriales, las importaciones de calzado defectuoso y de desecho, así como de ropa usada provenientes de Estados Unidos les han afectado mucho. También han visto dañado su mercado por la ropa del exterior (chamarras, camisas, pantalones, etc.) de muy baja calidad, pero con diseños atractivos, la cual se importa del sudeste de Asia.

El volumen de producción manufacturera más bajo de todas las ramas, entre 1980 y 1989, correspondió en orden decreciente a la fabricación de hilados y tejidos de fibras duras, a la maquinaria y a

[32] Carlos Salinas de Gortari, *II Informe de Gobierno. Anexo*, México, Presidencia de la República, noviembre, 1990, pp. 293 y 295.

los aparatos eléctricos, a los productos metálicos estructurales del tipo de las herrerías (ligados a la industria de la construcción y a la evolución de la inversión en obras públicas), a los artículos de plástico y a las industrias del cuero y del calzado. Nuevamente se puede inferir[33] que los índices más bajos corresponden a varias ramas donde predomina la microindustria.

La evolución del producto interno bruto, medido a precios constantes para el conjunto de la industria, creció desde 1960 hasta 1981, descendió en 1982, 1983 y 1986, fecha a partir de la cual manifestó una recuperación.

Sin embargo, si se analiza el PIB por ramas industriales[34] puede constatarse que a partir de la apertura comercial de 1986, las únicas ramas cuyo producto interno bruto decreció, evidentemente como consecuencia de la competencia internacional, aparte de la industria de la madera que permaneció estancada, fueron aquellas en las que predominaba la pequeña producción, es decir, la industria textil, la del vestido, la del calzado y la del cuero. En conjunto, el producto interno bruto de estas ramas descendió de 127.7 miles de millones de pesos en 1986, a 126 mil millones, en 1989 (a precios de 1980).[35]

[33] Con base en datos del Banco de México y del Instituto Nacional de Estadística, Geografía e Informática.

[34] *Idem.*

[35] Carlos Salinas de Gortari, *II Informe de Gobierno*, *op. cit.*, p. 140.

Consecuencias políticas de la liberación económica en los microempresarios

La microindustria se ha visto afectada, también, por la falta de organización y de representación políticas, ya que muchos de sus intereses, desde la perspectiva de los muy pequeños productores, son diversos a los que defienden las cámaras industriales, dominadas, generalmente, por medianos y grandes empresarios,[36] con mayor razón de los centros patronales. Existen algunos casos de microindustriales que están tratando de compensar su dispersión física y su debilidad económica con organizaciones *ad hoc* para hacer frente a problemas que les son comunes.

La mejor prueba son dos hechos recientes que probablemente están ligados con la liberalización económica: por una parte, la escisión de un grupo numeroso de empresarios de la Cámara Nacional de la Industria de la Transformación (Canacintra), el cual inició la Asociación Nacional de Industriales de la Transformación (ANIT), y por la otra, la creación, casi de manera simultánea, de la Confederación Nacional de los Microindustriales (Conamin).

La Canacintra siempre ha pretendido enarbolar la bandera de los pequeños. Por ejemplo, se opuso

[36] Para una discusión sobre el problema de la representación de los empresarios, puede consultarse Rogelio Hernández Rodríguez, "Los problemas de representación en los organismos empresariales", *Foro Internacional* (123), vol. XXXI, núm. 3, enero-marzo de 1991, pp. 446-471.

sistemáticamente a tratados comerciales internacionales. Tal fue el caso de su negativa a las propuestas económicas de la Conferencia Interamericana sobre Problemas de la Guerra y de la Paz (Conferencia de Chapultepec), realizada en 1945, en la cual una delegación estadunidense intentó, sin éxito, bajo el título de Carta Económica de las Américas, apoyar una resolución que comprometía a los países del hemisferio en una política de reducción de aranceles y otras barreras al comercio internacional. Los participantes latinoamericanos, según un analista de la época,[37] transformaron esa Carta Económica de las Américas en una Declaración de la Independencia Económica de América Latina. Más tarde, en la Conferencia de La Habana, celebrada en 1947, se opusieron, con el gobierno mexicano, a la Carta Internacional de Comercio, con la que los países industrializados, con Estados Unidos a la cabeza, buscaban reducir las barreras arancelarias.[38] La Canacintra se opuso también en 1979-1980 y en 1986 al ingreso de México al GATT. Así se distinguía de la Confederación de Cámaras Industriales de los Estados Unidos Mexicanos (Concamin), a la que se ubicaba como la representante de los empresarios

[37] Staford Mosk, *La revolución industrial en México*, México, número especial de la revista *Problemas agrícolas e industriales de México*, abril-junio de 1951, pp. 27-39.

[38] Staford Mosk, *ibid.*, pp. 225-227.

medianos y grandes.[39] Sin embargo, la expansión, diversificación y complejidad de la industria mexicana en las últimas décadas y la propia evolución de la Canacintra, han engendrado una creciente dificultad para que este organismo represente los intereses de sus afiliados cautivos por ley.

Por su parte, la Confederación Nacional de Microindustriales (Conamin) nació en 1986 a partir de la asociación de un grupo de pequeños productores de Guadalajara que no se sentían representados por las cámaras industriales. Después de varios años de negociación, cuando estaban en proceso de constitución, entendieron que frente a intereses económicos poderosos y ante desacuerdos de funcionarios públicos de la banca y de diversas dependencias federales, su lucha estaba perdida si no buscaban un apoyo político que los defendiera en ciertos lugares estratégicos.[40] Muy pronto se articularon al Partido Revolucionario Institucional, a través del llamado Movimiento Gremial, el cual formó parte de UNE, nombre que tuvo poco tiempo la Confederación Nacional de Organizaciones Populares (CNOP), uno de los pilares del partido oficial, junto a la Confederación de Trabajadores de México (CTM) y la Confederación Nacional Campesina (CNC).

[39] Dale Story, *Industry, the State and Public Policy in Mexico*, Austin, University of Texas Press, 1986.

[40] Entrevistas con el señor Ángel Villagómez, presidente de la Conamin, Guadalajara, octubre de 1990 y abril de 1993.

El grupo inicial de microindustriales que gestó la Conamin considera haber conseguido en los últimos seis años, algunos logros importantes. En primer lugar, en el orden organizativo, y en segundo, en el de la legislación.

Desde una perspectiva política, el voto del microindustrial, en su mayoría, parece inclinarse por el PRI, pero no existe ningún estudio que pueda confirmarlo de manera directa. En el caso de los estados de la frontera norte, en especial en Chihuahua, los empresarios pequeños y medianos estuvieron históricamente más alejados del Estado que sus colegas de otras regiones; se beneficiaron menos de la política de sustitución de importaciones, de los créditos y de las concesiones oficiales que de los aumentos demográfico y económico, ligados a la creciente interacción regional con Estados Unidos. Además, la ausencia de relaciones corporatizadas con el Estado, su mayor independencia y su enojo ante lo que consideraron un desinterés y desatención del gobierno, llevaron a muchos de ellos a engrosar las filas de la oposición panista.[41] Lo que sí se observa con mayor nitidez, es el hecho de que el voto del

[41] Alberto Aziz Nassif, *Prácticas electorales y democracia en Chihuahua*, México, Cuadernos de La Casa Chata, núm. 151, 1987; Leticia Barraza e Ilán Bizberg, "El Partido Acción Nacional y el régimen político mexicano", *Foro Internacional*, vol. XXXI, núm. 3, enero-marzo, 1991, pp. 418-445.

pequeño productor tiene un poder de arrastre con los trabajadores, derivado de su contacto directo con ellos, cuando no de sus relaciones familiares o de amistad. La cercanía que tiene con sus trabajadores es tan estrecha que puede predisponerlos en favor o en contra del gobierno, o del partido, ámbitos que se confunden. Sin embargo, el abstencionismo de los microindustriales es enorme. Preocupados por sus necesidades inmediatas en la producción, los pequeños productores se han desentendido por completo del aspecto político. En lo que respecta a su representación gremial, los microindustriales abogan por la desregulación, en el sentido de que el Estado mexicano ya no obligue a los empresarios a afiliarse a las cámaras y a pagar sus cuotas, sino que la filiación sea voluntaria, como en Estados Unidos, Canadá, Japón y Corea.

La microindustria exporta de manera permanente una ínfima cantidad de su producción. Según el presidente de la Conamin sólo 0.04% de los establecimientos lo hace sistemáticamente. Según la encuesta de la ciudad de México, 93% de los casos declara no exportar su producción; sólo cinco unidades productivas (2% del total) declararon que la exportación representa más de una décima parte de sus ventas. Aunque la muestra es muy pequeña, estas empresas evidencian ciertas tendencias: de manera proporcional, exportan más las antiguas, las legales, las dirigidas por universitarios o por pequeños empresarios con mayor escolaridad, las que pagan a sus gerentes los ingresos más altos y las que cuentan con más de cinco trabajadores.[42]

La exportación de las artesanías, que es importante, no la realizan los microindustriales; la hacen empresas comercializadoras que exportan a nombre de los pequeños productores. Ellas han sabido allegarse en forma más efectiva los apoyos oficiales. Las exportaciones han aumentado, pero los exportadores lo han hecho a menor ritmo. Los microindustriales adolecen de muchas necesidades, una de las más importantes en relación con el Estado, es el crédito.

Perspectivas

Entre los muchos obstáculos para el desarrollo de las pequeñas unidades productivas, pueden distinguirse, además de la evidente debilidad económica, los factores internos y externos. Los primeros tienen relación con la experiencia en el manejo de las microempresas, de la motivación, del entrenamiento, de la adaptabilidad ante los cambios, de la capacidad de organización y de la calificación técnica. Entre los segundos pueden señalarse la dificultad

[42] Manuel J. Carvajal, Anne M. Fiedler y Florencia González N., *La microempresa en México: problemas, necesidades y perspectivas*, México, Instituto de Proposiciones Estratégicas, 1990.

para acceder al financiamiento, a las materias primas y a la tecnología.

El problema de la organización es crucial y tiene que ver con la estrechez de su base social, con su dispersión física y su desarticulación política. Es significativo que en la presente coyuntura política mexicana, de la reforma del Estado, se busque nuevamente una relación simbiótica entre los pequeños productores y el partido oficial, de la que los dos obtengan beneficios. Los primeros, en capacidad de gestión ante poderosos intereses económicos, políticos y burocráticos. El segundo, clientela política y votos en una contienda cada vez más competida en el ámbito electoral.

La microindustria no enfrenta, como principal desafío, la competencia de las empresas estadunidenses o canadienses con motivo de la incorporación de México a la zona de libre comercio de América del Norte. Las ramas donde predomina y en las que logra exportar[43] utilizan trabajo de manera intensiva y requieren poca tecnología y capital. Dos ventajas con que pueden defenderse los microindustriales son su localización (cuentan con demandas local y regional) y una muy especializada. La irregularidad y su carácter estacional, el trabajo por encargo y su

[43] Datos obtenidos en la Dirección General de Industria Mediana y Pequeña y de Desarrollo Regional, y en los registros del Instituto Mexicano de Comercio Exterior.

orientación a la reposición de partes, son lo cotidiano entre los microindustriales. Los bajos salarios de México, a corto plazo, ofrecen una de las principales prerrogativas ante la industria estadunidense, pero esta alternativa de ninguna manera es sustentable ni deseable a mediano o largo plazos. En Estados Unidos las ramas donde opera la microindustria están en repliegue y enfrentan la competencia proveniente de los nuevos países industrializados.

No es previsible una destrucción de la microindustria por la eliminación de las tarifas, de lo cual no se puede concluir que ésta vaya a beneficiar, automáticamente, a los pequeños productores mexicanos. En el mercado del norte pueden encontrar nichos interesantes en algunos productos alimenticios destinados a la población de origen mexicano; en ciertos productos metálicos cuyos procesos de producción se realizan ventajosamente en talleres; en prendas de vestir, calzado, productos de cuero y en gran diversidad de objetos manufacturados a mano o con tecnología aplicable a escalas de producción reducidas, los cuales cuentan con un alto valor agregado.

Sin embargo, para la mayor parte de los microindustriales, su mercado es local y regional; en algunos casos logran vincularse –de manera indirecta por medio de intermediarios oficiales como Fonart, el Instituto Nacional Indigenista, organizaciones artesanales dependientes de algunas entidades federativas o empresas comercializadoras– con el mercado nacional y hasta con el extranjero. Por lo tanto, la competencia de los microindustriales para algunos productos de las ramas textil, del vestido, del calzado y del cuero o de la metalmecánica, proviene fundamentalmente de Oriente, donde además de trabajo intensivo, calificado y relativamente barato,[44] existen índices superiores de productividad, mayor desarrollo tecnológico, experiencia en exportaciones y facilidades financieras.

En los últimos tiempos parece haberse iniciado un viraje de algunas instituciones financieras nacionales e internacionales, incluso del sector privado, en favor de los microindustriales. En este contexto pueden ubicarse, en el terreno universitario, el "programa emprendedor" del Instituto Tecnológico de Monterrey y un programa equivalente en el ITAM. Uno de los grupos empresariales de Monterrey inició, desde mediados de los ochenta, el programa ADMIC para

[44] El costo de la mano de obra, en dólares por hora, en los países del sudeste asiático de nueva industrialización y en otras regiones de menor desarrollo relativo, comparado con el de México, es el siguiente: México (mano de obra directa y técnica), 1988, 0.98 pesos; 1992, 2.01; Taiwan, 1992, 5.82; Corea del Sur, 1992, 4.65; Singapur, 1992, 3.66; Tailandia, 1988, 0.38; Malasia, 1988, 0.46; Filipinas, 1988, 0.45; Indonesia, 1988, 0.25; China (Shenzen), 1988, 0.31 pesos.

Fuente: Carlos Angulo, Federico Barrio, Julio Ornelas *et al.*, "La industria maquiladora y el Tratado de Libre Comercio Norteamericano", en *Reseña anual de la industria maquiladora*, México, Seguros de México, 1991, pp. 18-34 y 26-27.

apoyar a la microempresa con fondos provenientes de AITEC y USAID.[45]

El futuro de los pequeños productores depende, fundamentalmente, del mercado interno y, por lo tanto, de cómo evolucione el poder adquisitivo de la sociedad mexicana. En México, gran parte de la microindustria ha significado más un lugar de refugio que de movilidad económica y social. Para que esto último ocurriera, se necesitaría emprender un gran esfuerzo en diversos órdenes; ante todo, es imprescindible propiciar y fomentar todo tipo de organización de productores, para contrarrestar su debilidad económica y aumentar su capacidad de negociación de créditos, compras, ventas y exportaciones. En este aspecto la banca de desarrollo tiene una labor insustituible, necesita reorientar su política crediticia en favor de los pequeños y de los microindustriales dinámicos, es decir, de los que están ubicados en actividades con potencial exportador y de alta calidad y productividad: los que tienen posibilidades de exportar con alto valor agregado. A este respecto, sería útil analizar la experiencia de los distritos industriales de algunas regiones de Italia, de Francia y de Alemania, que han promovido con

[45] La ADMIC Nacional, A.C., es una organización privada, con sede en Monterrey, apoyada por AITEC/ Action International y USAID, véase David Garza Lagüera, "La microempresa: estrategia de desarrollo", *Técnica y humanismo. Revista del Conalep*, vol. XI, núm. 6, mayo-junio de 1991, pp. 7-10.

gran éxito la creación de pequeñas industrias dinámicas de alta productividad, las cuales sirven de soporte para las exportaciones de empresas mayores altamente tecnológicas. Existen dos experiencias novedosas en México: el decreto de las empresas integradoras de 1993 y la creación de las incubadoras de empresas de base tecnológica cuyo mejor ejemplo es la de Cuernavaca, creada por el Instituto de Investigaciones Eléctricas, la cual ha engendrado a cerca de 50 empresas.

Es indispensable apoyar, en el orden laboral, a los pequeños productores, incluidos los trabajadores, de tal modo que sin inhibir la producción a pequeña escala, queden garantizadas ciertas condiciones mínimas de trabajo presentes en las empresas mayores. Este problema necesita ubicarse en el contexto de la tendencia a la flexibilización del trabajo que *pervade* a los países desarrollados y a los que están en proceso de industrialización.

Un factor crucial de apoyo está constituido por la creación de programas ambiciosos de capacitación industrial de la mano de obra y de los microempresarios, a través de organismos existentes y de otros creados exprofeso. Un programa de ayuda a los microindustriales necesita instaurar mecanismos expeditos y accesibles de información en los campos, comercial, técnico, administrativo, financiero y fiscal.

Sería de gran utilidad favorecer la articulación productiva de pequeñas y grandes industrias por medio de sistemas que vayan más allá de la subcontratación convencional, en los que puedan compensarse las relaciones asimétricas que hasta ahora han prevalecido en detrimento de los pequeños. Es posible ofrecer estímulos a las empresas medianas y grandes que salgan de sus muros para buscar formas de vinculación con talleres subcontratistas para la realización de ciertas tareas. Entre estos estímulos vale la pena destacar aquellos que sean diferenciales y estén destinados a las industrias que participen en los procesos de descentralización y desconcentración industriales. Además, es necesario impulsar la creación de empresas comercializadoras que vinculen a los pequeños productores con el mercado nacional y con el exterior.

V. PROGRAMAS DE INTERVENCIÓN MASIVA CONTRA LA POBREZA EN AMÉRICA LATINA

Kirk Kruijt y *Carlos Alba Vega*

A finales del siglo XX, los gobiernos latinoamericanos han redescubierto el fenómeno de la pobreza masiva en sus respectivos países. La pobreza no es una especificidad latinoamericana; crece en Asia, se expande en África y no se libran de ella los países avanzados de Europa ni Estados Unidos. Pero a diferencia de las economías avanzadas, en América Latina se han generado economías y sociedades híbridas, donde la mayoría de la población está compuesta de pobres crónicos, donde la cultura de la pobreza se ha transmitido de manera intergeneracional, y de "nuevos pobres", víctimas recientes de los programas de ajuste económico.[1]

[1] Caroline O. S. Moser, Alicia J. Herbert y Roza E. Makonnen, *Urban Poverty in the Context of Structural Adjustment. Recent Evidence and Policy Responses*, Washington, The World Bank (Urban Development Division TWV/DP/4), mayo de 1993.

La pobreza se identifica en el sector informal, heterogéneo complejo social y económico dentro de la economía y de la sociedad nacionales. La informalidad tiene lógicas y formas de sobrevivencia, de ingenio y de creatividad forzada que hasta hace pocos años escaparon al conocimiento de los investigadores, de los funcionarios del gobierno, de los legisladores y de los políticos. La informalidad y la pobreza no son consecuencia de una coyuntura de previsible duración, sino que se trata de un fenómeno estructural de largo plazo. Desde Monterrey, en México, hasta Puerto Montt, en Chile, América Latina parece estar invadida por la pobreza, que se hace visible a través de la multitud de pequeños negocios de toda índole, que ha tomado como por asalto las ciudades capitales y de provincia, a través de la masa de vendedores ambulantes y prestadores de servicios cuya existencia había sido menospreciada en los años setenta. Estos negocios manufactureros, comerciales y de servicio son generalmente de la ciudad y de los barrios marginales. En el campo se encuentra su contraparte: el minifundio de infrasubsistencia y la pequeña empresa rural fragmentada. Todas esas actividades están relacionadas con el subempleo y la pobreza, que afectan a todos los países de América Latina.

Diferentes respuestas: una tipología preliminar

La primera respuesta a esta pobreza masiva y a la informalización de la economía y de la sociedad, fue una actitud de perplejidad. Duró unos años hasta que los investigadores universitarios, los funcionarios del sector público y las autoridades del gobierno, percibieron la magnitud del problema, las transformaciones sociales detrás de ella y la necesidad de intervención masiva con programas específicos. Mientras tanto, empresarios ilustrados del sector formal en Colombia y en República Dominicana, habían emprendido programas experimentales para apoyar a los empresarios más prometedores del sector informal, los llamados microempresarios. Estos atendidos eran empíricos, cuyo negocio no estaba registrado y, por lo tanto, no eran sujetos de crédito institucional, ya fuera privado o público. En Colombia, la Fundación Carvajal, financiada originalmente por el conjunto de empresas de los hermanos Carvajal, en Cali y Bogotá, preparó un paquete de apoyo a la microempresa por medio de capacitación, asistencia técnica y crédito. A principios de los ochenta, el Banco Interamericano de Desarrollo (BID) comenzó a apoyar el programa; después de algunos años, otros donantes extranjeros, públicos y privados, extendieron su apoyo a la Fundación Carvajal, que en poco tiempo se convirtió en un modelo para atender a microempresarios dinámicos, "formalizables", y a estratos superiores del sector informal. Hoy día existen cerca de 20 fundaciones, financiadas desde el sector privado y con apoyo de donantes externos en Colombia que siguen el modelo de la Fundación Carvajal, como son las fundaciones Compartir, Cultivar, Fundecoop, y la Shell, en Bogotá; Fundesan (Bucaramanga) y Microempresas de Antioquia (Medellín).

En República Dominicana se creó ADEMI en 1983, por iniciativa del sector privado nacional, con un tibio apoyo del gobierno nacional y con respaldo benevolente de USAID y AITEC/Acción Internacional (ambos de Estados Unidos), el BID y la GTZ (Alemania).[2] Acción Internacional, que desde 1972 estaba experimentando con apoyo a la microempresa emergente en Recife, Brasil, obtuvo con el modelo de ADEMI su mayor éxito organizativo, y exportó el esquema a una variedad de países latinoamericanos como Chile, Bolivia, Perú y Colombia. Gradualmente, dentro de estos programas, todos del sector privado, con apoyo desde el exterior, comenzó a experimentar con un modelo alternativo de crédito, el solidario, otorgado a pequeños grupos de usuarios, que mutuamente funcionan como fiador y fiscalizador.[3]

[2] *La microempresa: alternativa de desarrollo*. II Congreso Internacional de Programas de Microempresas en América Latina, Santo Domingo, ADEMI, 1991.

[3] El funcionamiento de este modelo está descrito en J. Jacobs, *An Operational Guide for Micro-Enterprise Projects*, Ontario, The Calmeadow Foundation, 1988.

Las primeras respuestas gubernamentales surgieron a partir de la segunda mitad de los ochenta. Con la llegada de Alan García a la presidencia, el gobierno de Perú –especialmente la Casa Presidencial donde se reunieron con mucha pompa representantes de los informales con ministros del gabinete económico, presidido por el propio presidente– tomó la decisión de apoyar a instituciones con vocación microempresarial. En 1985, el Centro de Estudios CEDEP, con apoyo de la OIT/PREALC y el gobierno de Perú, diseñó un estudio masivo sobre el sector informal limeño.[4] Como resultado de este estudio, se creó la organización no gubernamental (ONG) IDESI, organismo privado, pero con conexión con el partido en el gobierno (APRA), que empezaría con líneas de crédito del Banco Central de Reserva (otorgadas por el BID), el cual después contó con apoyo de organismos paraestatales de la cooperación internacional holandesa y de otros países de la Comunidad Europea. IDESI se especializó en créditos comunitarios y colectivos, otorgados a asociaciones (vecinales, de rama y de barrio) de empresarios informales. La mayoría de los créditos se otorgaron al sector comercial, estipulando plazos cortos y garantizando un reciclaje rápido de los fondos revolventes.

Un banco cooperativo, la CCC, originalmente de segundo piso para mutuales y cooperativas de crédito,

[4] Publicado como Daniel Carbonetto *et al.*, *Lima: sector informal*, tomos I y II, Lima, CEDEP, 1988.

que desde el comienzo de la década de los ochenta operaba como banco del sistema, se transformó —otra vez con un generoso apoyo presidencial— en el banco para el sector informal. La CCC comenzó a abrir filiales a ritmo acelerado en todo Lima y en las capitales de provincia. Con las ONG más especializadas, como IDESI y CARE, llegó a un acuerdo operativo: las ONG depositaron sus fondos de garantía en el banco y la CCC les proporcionó —por un sistema de apalancamiento— de 3.5 hasta diez veces el monto depositado a crédito. Optando por el financiamiento masivo a través de ONG y asociaciones calificadas de los informales, el "matrimonio institucional" entre el banco y las ONG llegó a financiar a decenas de miles de microempresarios. El auge de tal modelo se dio en 1988, cuando unas treinta ONG operaban en el mercado y se llegó a financiar a 42 mil sujetos de crédito simultáneamente, donde CCC/IDESI aportaban 70% del total. Durante la hiperinflación, en los últimos años del gobierno de Alan García y los dos primeros del "superajuste" de Fujimori, el modelo perdió impacto. IDESI, aunque sigue siendo la ONG microempresarial más importante de Perú, tuvo que reducir su escala de operaciones e independizar sus sucursales en provincia. El banco CCC se declaró en quiebra en 1992, con todas las organizaciones de mutuales en Perú; el nuevo gobierno de Fujimori no veía con buenos ojos los resultados de programas semivinculados con el partido del gobierno anterior.

En Centroamérica surgió una respuesta más directa de parte de los gobiernos nacionales. Carpio Nicolle, expresidente de la constituyente que dio el paso al gobierno democrático de Cerezo en Guatemala (1985) y vicepresidente constitucional de este gobierno, pidió al gabinete, en 1987, el monto de 100 millones de dólares para resolver el problema de la pobreza masiva y de las consecuencias del ajuste estructural en Guatemala. No obtuvo el monto, pero consiguió permiso de negociar con los donantes. Con modestos recursos nacionales –la contribución del gobierno central siempre fue minoritaria– logró comprometer a 13 donantes: el Programa de Naciones Unidas para el Desarrollo (PNUD), el BID, DGIS de Holanda, GTZ de Alemania, USAID de Estados Unidos, entre otros, complementados con fondos belgas, taiwaneses, austriacos, etc., hasta llegar a un total de 13 millones de dólares. El programa fue diseñado tomando en cuenta las experiencias obtenidas en la Fundación Carvajal de Colombia, ADMI de República Dominicana e IDESI de Perú. Con apoyos técnico y financiero, el gobierno guatemalteco creó, a finales de 1987, el programa SIMME,[5] coordinado por la vicepresidencia mediante una pequeña Secretaría Técnica de Supervisión, pero ejecutado

[5] La historia y la filosofía del programa están descritas en Roberto Carpio Nicolle y Mario Carpio Nicolle, *La microempresa: una alternativa para el desarrollo*, Guatemala, Editorial Multicolor, agosto de 1990.

por intermediarios financieros: ONG y bancos del sistema. SIMME se especializó en el crédito productivo hacia el sector manufacturero, primero en la ciudad capital, luego en ciudades de provincia, para llegar, por fin, a los pueblos indígenas. Experimentaba con crédito individual dirigido a microempresarios calificados y con crédito solidario en el campo, básicamente a mujeres productoras o comercializadoras de artesanías o de bienes de consumo popular. En un periodo de auge, en 1989-1990, logró proporcionar crédito a 17 000 microempresas, mayoritariamente manufactureras, lo que significó 70% del crédito microempresarial en el país. Como ocurrió en Perú y también en Guatemala, el programa asociado al gobierno anterior perdió impacto después de la toma de poder del nuevo gobierno, en 1990. No fue sino hasta 1992 cuando el gobierno nacional redinamizó el programa SIMME, para lo cual extendió su alcance a tres bancos, trece ONG, y renovó la cartera... de los primeros años. Como IDESI en Perú, SIMME de Guatemala sirvió de modelo de exportación. El gobierno de Costa Rica creó su programa nacional Pronamype, en gran parte financiado por el tesoro público, que funciona según la metodología establecida en el SIMME.

Las autoridades centroamericanas contribuyeron, en su conjunto, a crear un clima favorable para programas masivos. Confrontado con la situación de extrema pobreza en cuatro de los cinco países del istmo, el Foro de Vicepresidentes se encargó de la coordinación regional de la lucha contra la pobreza.

En 1991 el Foro de Presidentes, durante su XI Cumbre, tomó la decisión de facilitar, en cada país, un programa nacional, de convergencia entre los sectores público y privado, para coordinar la lucha contra la pobreza e intervenir, de manera sustancial en el sector informal. Honduras fue el país donde el gobierno optó por medidas más drásticas. Ante la situación de extrema pauperización, agravada por los primeros efectos del programa de ajuste estructural, la Secretaría de Planificación, Coordinación y Presupuesto (Secplan) concluyó:[6]

> Teniendo en consideración los niveles de pobreza estimados a partir del ingreso por trabajo en septiembre de 1990, así como los diferenciales demográficos de los estratos socioeconómicos, se ha estimado que la población bajo la línea de pobreza al 2000 estará al orden del 80% del total, excluyendo la población cuyo ingreso se ignora.

Desde la presidencia de la república se creó un gabinete social, dirigido personalmente por el presidente y compuesto tanto por ministerios de línea como por entidades especialmente creadas, cuyo director tiene el rango de ministro. De estas

[6] Secplan, *Urgencias y esperanzas. Datos prioritarios para los retos del noventa*, Tegucigalpa, Secretaría de Planificación, Coordinación y Presupuesto, diciembre de 1991, p. 194.

entidades destaca el Fondo Hondureño de Inversión Social (FHIS), organismo creado en el primer año del gobierno (1990) con asistencia técnica del PNUD y del Banco Mundial, según el modelo de un fondo anterior en Bolivia. Componente principal del FHIS es una dirección de proyectos de infraestructura física, por ejecutar en cada municipio del país, proporcionalmente a un detallado sistema de mapas de pobreza local. Como en otros fondos,[7] los profesionales son altamente calificados, trabajan con mística y operan en un ambiente desburocratizado. En todo el FHIS trabajan 150 profesionales, generalmente ingenieros civiles. El FHIS, como la mayoría de los fondos, tiene un financiamiento mayoritariamente externo; el aporte del gobierno de Honduras es de 15% en moneda nacional. Como el FHIS ha adquirido la posibilidad de negociar directamente con países e instituciones donantes, y el fondo realiza obras en competencia directa con ministerios de línea como Obras Públicas, Educación y Salud, se necesita el apoyo presidencial para evitar conflictos internos de competencia. La evaluación repetida de varios

[7] El FHIS de Honduras es una versión ampliada de una experiencia original de Bolivia. Véase Steen L. Jorgensen, Margareth Grosh y Mark Schachter, *Easing the Poor Through Economic Crisis and Adjustment. The Story of Bolivia's and Social Emergency Fund*, Washington, The World Bank (LAC Regional Studies, 3), mayo de 1991.

donantes[8] justifica la conclusión de que el FHIS actúa más rápido, con más éxito y de manera más barata que el sector público tradicional.

Entre la dirección del FHIS y varios donantes externos –el PNUD, el Banco Mundial, DGIS/Holanda y luego la Comunidad Europea– se originó la idea de utilizar la infraestructura del FHIS como "incubadora" para un programa nacional de apoyo a la microempresa. En el diseño de éste, el PASI se incorporó a las experiencias de ADEMI, de IDESI y del SIMME. Se incluyó también la metodología desarrollada para atender a microempresarios individuales, a pequeños grupos solidarios y a colectividades más grandes, como la Asociación Nacional de Artesanos de Honduras (ANAH) y los llamados "bancos comunales". Éstos son grupos informales, generalmente compuestos de mujeres jefas de hogar con muy pocos ingresos, que eligen a un presidente y a un tesorero, y que en ciclos de varias semanas hasta varios meses reciben crédito, pagan el interés y la amortización en cuotas diarias o semanales, y ahorran a la vez, según un porcentaje establecido al recibir el crédito. Después de un año y medio, la experiencia era tan favorable, que el PASI decidió

[8] Por ejemplo, *Informe y evaluación del rendimiento del proyecto "Apoyo a la creación del FHIS"*, Programa de las Naciones Unidas para el Desarrollo, HON/90/004, Tegucigalpa, mayo de 1991, e *Informe y evaluación del rendimiento del proyecto "Desarrollo del FHIS"*, Programa de las Naciones Unidas para el Desarrollo/ HON/90/007, Tegucigalpa, junio de 1992.

reservar la mitad de todos los fondos –a finales de 1992 unos 12.6 millones de dólares– a los informales de ingresos más bajos, los llamados autoempleados, agrupados en bancos comunales. Como el SIMME y el banco CCC, el PASI funciona como financiador de segundo piso, califica intermediarios como ONG, bancos del sistema o asociaciones de informales, y tiene un pequeño *staff* de diez funcionarios. A finales de 1992 había distribuido un total de seis mil créditos en un año y medio de operaciones, por medio de 19 ONG; en el paquete de usuarios figuran 175 bancos comunales.[9]

En cierto sentido, México presenta singularidades en el contexto de los demás países de América Latina. Hasta el gobierno de De la Madrid, el partido en el gobierno encarnaba ciertos rasgos de un Estado benefactor, derivados de demandas sociales conquistadas en el proceso revolucionario. Paralelamente, empresarios prominentes habían brindado algunos beneficios a los trabajadores, como es el caso de los programas de vivienda en Monterrey o en las colonias industriales en ciertas partes de la república. Más tarde, en los años setenta, se crearon asociaciones civiles como la Fundación Mexicana para el Desarrollo –que opera en el medio rural– y en los ochenta nació la ADMIC, promotora microem-

[9] *El futuro del FHIS/PASI*, Tegucigalpa, Presidencia de la República/Fondo Hondureño de Inversión Social, noviembre de 1992, p. 34.

presarial con sede en Monterrey, orientada al medio urbano. Como en Colombia, donde la Fundación Carvajal era protagónica, ADMIC sirvió de modelo para muchas entidades privadas en diferentes regiones de México, principalmente en el norte. En 1988, con la presidencia de Salinas de Gortari, tras unas elecciones marcadas por la fuerte sospecha de fraudes electorales masivos durante los comicios presidenciales, el nuevo gobierno federal decidió emprender un programa social más ambicioso que el inmediato anterior. En la mayoría de los estados, el gobierno lanzó programas de apoyo a la micro-empresa desde 1990. Varias dependencias federales como Nacional Financiera (Nafin), la Secretaría de Comercio y Fomento Industrial (Secofi) y la Secretaría del Trabajo y Previsión Social (STPS), desarrollaron programas de apoyo a la microempresa.

Sin embargo, el más conocido, difundido y asociado con el régimen salinista es, sin duda, el Programa Nacional de Solidaridad (Pronasol). Facilitado por los ingresos procedentes de la venta de las empresas paraestatales al comienzo del periodo presidencial, el gobierno pudo disponer de amplios fondos —casi exclusivamente nacionales, además de algunos créditos blandos del Banco Mundial y del BID para cuatro de los estados más pobres— para llegar a ciertos segmentos de la población más pobre de cada municipio. El Pronasol dependía, al principio, directamente de la presidencia y poco después fue creada la Secretaría de Desarrollo Social. Contó, como en el caso del FHIS de Honduras, con el apoyo incuestionable del presidente. Muchos de sus técnicos proceden de la burocracia. Pronasol tiene pocos funcionarios directos –35 en Veracruz y 70 en Oaxaca–, pero utiliza, en la práctica, los servicios de dependencias federales o del sector público de los estados.

El programa contiene un amplio abanico de acciones: hay subprogramas para mujeres; para productores de café y pescadores; para atención de la salud y medicina popular, y para educación y servicios escolares; para alimentos populares; para infraestructura básica como agua potable, alcantarillado y electrificación; para la vivienda popular; para carreteras y caminos vecinales. Elogiado en el discurso oficial[10] y por las opiniones de organismos internacionales, Pronasol ha recibido muchas críticas de los partidos de oposición, de miembros del propio PRI, de funcionarios gubernamentales y de intelectuales independientes, pero muy pocas de ellas son de fondo.[11] Desde 1992 el Pronasol se ha dirigi-

[10] Consejo Consultivo del Programa Nacional de Solidaridad, *Solidaridad a debate*, México, El Nacional, 1991; Consejo Consultivo del Programa Nacional de Solidaridad, *El combate a la pobreza: lineamientos programáticos*, México, El Nacional, 1991; Enrique González Tiburcio y Aurelio de Alba, *Ajuste económico y política social en México*, México, *El Nacional*, 1992, y José Parcero López, *México, la revolución silenciosa*, México, El Nacional, 1992.

[11] Denise Dresser, *Neopopulist Solutions to Neoliberal Problems, Mexico's National Solidarity Program*, La Jolla, University of Califor-

do a apoyar a la microempresa mexicana, la "empresa en solidaridad", como lo han hecho antes en otros países latinoamericanos. Sin disponer de informes factuales de evaluación,[12] hay que suponer que —con base en los procedimientos, manuales y la facilidad con que se puede bajar la tasa de interés— esta nueva línea de apoyo microempresarial satisface no sólo criterios técnicos, sino también políticos: el regreso del Estado con los pobres. Es importante destacar que el candidato del PRI a la presidencia de la república, Luis Donaldo Colosio, asesinado en marzo de 1994, provenía, precisamente, de la Secretaría de Desarrollo Social.

---

nia, San Diego, Center for U. S. Mexican Studies, 1991; *El Cotidiano*, núm. 49, julio-agosto de 1992, en un número especial sobre Pronasol; la antología editada por Wayne A. Cornelius, Ann L. Craig y Jonathan Fox, *Transforming State-Society Relations in Mexico. The National Solidarity Strategy*, La Jolla, University of California, San Diego, Center for U. S. Mexican Studies, 1994, y Marianne Braig, "Continuidad y cambio en la cultura política mexicana: el caso de Pronasol", documento presentado en el *Congress on Political Culture in Mexico*, Utrecht, Holanda, 28-29 de abril de 1994.

[12] Se han realizado gran número de estudios sobre Solidaridad, la mayor parte encargados por el propio organismo. Sin embargo, casi todos son de opinión, más que de evaluación, sobre sus impactos económico y social.

Un balance preliminar

En los primeros años de la década de los noventa se pusieron en marcha programas masivos de compensación social, destinados a los sectores más pobres de la población en los países latinoamericanos. Por el momento, la intervención más conocida es el apoyo a la microempresa. A pesar de que la mayoría de los programas contiene varios componentes, el de crédito es el más conocido y más elaborado. La época en que se experimentaba con programas compactos, generalmente financiados por el sector privado o por fundaciones extranjeras, ya es del pasado. Ahora en México, Guatemala, El Salvador, Honduras, Nicaragua, Costa Rica, República Dominicana, Colombia, Ecuador, Perú, Bolivia y Chile, hay uno o varios programas de amplitud nacional, donde el gobierno y el sector privado, las ONG y la banca, han aprendido a colaborar, o por lo menos a coordinarse sobre metodologías de trabajo. Con los programas nacionales, hay una variedad de instituciones que dentro de su paquete de estudios o de desarrollo, tienen un programa para la microempresa. En algunos países hay decenas de ONG que adquirieron de sus donantes pequeñas líneas de crédito para el sector informal, para mujeres jefas de hogar, para microempresarios y para refugiados. Son los programas de significado local, experimentales, sin la posibilidad de experiencia acumulada. Como no existe una unidad coordinadora o rectora para el sector informal, que unifique las políticas en diversos órdenes y que brinde criterios normativos para los programas de intervención, de crédito y de asistencia técnica, hay que esperar cierto caos, una tendencia a la duplicidad de esfuerzos y, en consecuencia, un relativo desperdicio en los programas pequeños, empíricos y de nivel local.

Dentro de los programas nacionales hay, por lo menos, una mínima convergencia de objetivos y de metodología; tal es el caso de los resultados logrados en los países andinos en los últimos años.[13] Lo mismo puede observarse en Centroamérica, donde los directores nacionales de los programas –con rango de ministros– se reúnen con cierta frecuencia

[13] En marzo de 1993, el PREALC organizó en Santiago de Chile un seminario sobre programas para la microempresa en América del Sur. Uno de los resultados notables fue la convergencia metodológica entre los principales programas en Colombia, Perú, Bolivia y Chile. Véase Roberto Casanovas, *Los programas de apoyo a microempresas en Bolivia: concertando el desarrollo con la lógica del mercado*, Santiago de Chile, PREALC/documento de trabajo, febrero de 1993; Ernesto Parra Escobar, *Modalidades de crédito para el sector informal en Colombia*, Santiago de Chile, PREALC/documento de trabajo, enero de 1993; Robert Peck Christen y Susan Wright Carozza, *Financiamiento de la microempresa: papel y potencial del sector formal financiero en Chile*, Santiago de Chile, PREALC, documento de trabajo, enero de 1993, y Fidel Castro Zambrano, *Financiamiento al sector informal en el Perú. Balance de una década y perspectivas en una economía desregulada*, Santiago de Chile, PREALC, documento de trabajo, enero de 1993. Un resumen fue publicado en Jaime Mezzara (ed.), *Crédito informal: acceso al sistema financiero*, Santiago de Chile, PREALC, 1993.

y donde los técnicos y asesores intercambian tecnología entre sí. La metodología de trabajo, que consiste en segmentar al sector informal y vigilar la calidad de los programas, no es idéntica, pero es comparativa. Cada uno de los programas[14] cuenta con una pequeña oficina técnica, el cerebro, el supervisor y la calificadora del programa. La oficina técnica funciona como entidad de segundo piso: abre líneas de crédito a los intermediarios como ONG, bancos o municipios, previa calificación. Produce los manuales de crédito, de los fondos rotativos y de la capacitación. Evalúa los programas. Negocia con los donantes, homogeneiza estilos de trabajo entre los diferentes ejecutores y vigila la calidad de las carteras en uso. Los programas fueron diseñados originalmente para otorgar créditos individuales a microempresas seleccionadas por los asesores empresariales de las entidades ejecutoras (ONG, bancos, municipios e iglesias). Se orientaron después al crédito colectivo, en forma solidaria, a

[14] Miguel Ángel Castiglia, "El diseño de programas masivos de apoyo a la microempresa", en Yessid Barrera *et al.*, *La economía de los pobres*, San José de Costa Rica, Flacso, 1993, pp. 85-112. Compárese esta publicación con las conclusiones más tenues de estudios comparativos del PREALC desde hace algunos años; véase Jaime Mezzera, *Crédito y capacitación para el sector informal*, Santiago de Chile, PREALC, 1987 (serie Investigaciones sobre Empleo, núm. 29), y Programa de Empleo para América Latina y el Caribe, *Lecciones sobre crédito al sector informal*, Santiago de Chile, PREALC, 1990.

través de los bancos comunales o mediante financiamiento de asociaciones de informales. También existe, como en el caso de los países andinos, una convergencia sobre criterios técnicos, el crédito no subsidiado, las mismas tasas de interés del mercado o un poco más altas, la necesidad de proteger el valor intrínseco de los fondos revolventes a través del cuidado de la cartera y de la reducción de la moratoria. En general, se considera que el fondo de crédito es la columna vertebral del programa. En la mayoría de los casos se opera también con fondos de garantía externos.

Como consecuencia del impacto de estos programas, el segmento más popular del sistema financiero formal –los mutuales, los bancos de los trabajadores, los bancos de cara social– comenzó a desarrollar subprogramas para financiar a los informales. En Chile, en Perú, en Costa Rica, en Nicaragua, en Honduras y en El Salvador, se empezó a experimentar con el "banquero sin corbata", que opera al estilo informal, va vestido con ropa sencilla, utiliza una motocicleta o un medio de transporte popular; visita a los líderes microempresariales en el hogar y se especializa en crédito en paquetes, dirigido hacia bancos comunales o asociaciones de informales, comités de taxistas, federaciones de mujeres vendedoras y uniones de artesanos. Los "banqueros informales" del sistema formal han aprendido a seguir el estilo de trabajo y las estrategias de sobrevivencia de los informales, colocar los créditos diaria o semanalmente, cobrar las amortizaciones en el lugar de trabajo, semanalmente o dos veces por mes. El caso del Banco Sol en Bolivia, especialmente creado para atender a los microempresarios, a los bancos comunales y a las asociaciones de artesanos, cuya cartera en enero de 1993, brindaba créditos a 34 000 usuarios, demuestra la viabilidad del financiamiento a través de los bancos.

En la comunidad de los donantes está creciendo también la convergencia de objetivos. Los primeros programas microempresariales fueron diseñados por agentes cuya ideología implicaba una hostilidad tácita frente a las funciones del Estado promotor o benefactor. En su senda hay instituciones multilaterales, que durante años profesaron la rectitud conceptual de la canalización de los fondos a través de los bancos del sistema formal, empezando con el Banco Central. Entre ellas destacaba la posición del Banco Interamericano de Desarrollo (BID). En contraste, la posición del Banco Mundial ha sido menos agresiva. Los donantes del tipo de DGIS (Holanda), ACDI (Canadá), ASDI (Suecia), NORAD (Noruega), FINNIDA (Finlandia) y DANIDA (Dinamarca), que representan a gobiernos de tinte socialdemócrata o socialcristiano, se manifiestan más proclives a financiar programas dentro de los cuales colaboren el gobierno y el sector privado. Esta misma tendencia refleja la actuación de un donante con influencia creciente: la Comunidad Europea. De la familia de las Naciones Unidas hay que mencionar la Oficina Internacional del Trabajo, institución con tradición de intervenir en el sector informal y el PNUD. Estas agencias multilaterales prestan asistencia técnica comúnmente, en cofinanciamiento con los donantes bilaterales antes mencionados. En general, hay que decir que después de los años del gobierno Reagan-Bush, tanto las agencias bilaterales de Estados Unidos, como las instituciones financieras donde la contribución de este país es decisiva (el Banco Mundial, el BID y mediante ellos el Banco Centroamericano de Inversión Económica, BCIE) manifiestan menos agresividad frente a programas de desarrollo concebidos por los gobiernos nacionales.[15]

INTERROGANTES

Son cinco las interrogantes que es conveniente destacar respecto a los programas de combate a la pobreza. Se refieren no tanto a los aspectos técnicos de estos programas, sino a sus consecuencias políti-

[15] Así lo expresa, por ejemplo, una ponencia muy reciente de política, que suscriben el PNUD y el BID. En este documento se percibe la búsqueda de la restauración de las funciones de desarrollo del Estado y de lucha contra la pobreza. Véase *Reforma social y pobreza. Hacia una agenda integral de desarrollo* (versión preliminar revisada), Nueva York, Banco Interamericano de Desarrollo / Programa de las Naciones Unidas para el Desarrollo, enero 16 de 1993.

cas en el escenario nacional y su relación con el desarrollo socioeconómico de los respectivos países.

En primer lugar, hay que admitir que son programas inducidos desde arriba, por organismos privados o asociaciones civiles, por gobiernos locales o nacionales y por donantes extranjeros. Aplican su modelo de desarrollo –con las mejores intenciones– hacia la economía y la sociedad informales sin contar con la lógica precisa y las singularidades de éstas, sin saber a fondo en qué consiste la heterogeneidad. Sus preocupaciones principales tienen que ver, sobre todo, con los procedimientos de crédito, la limpieza del fondo rotativo, en términos de ausencia de moratoria, y el mantenimiento del valor intrínseco de los aportes originales. En cierto sentido puede afirmarse que obedecen a un dictamen tecnocrático de los donantes. Sin embargo, el *ethos* profesional de los directivos y de los asesores, prescribe que una parte sustancial de las tareas se gaste en supervisión financiera. Medir las consecuencias socioeconómicas de estos programas de combate contra la pobreza y distinguir sus efectos a corto y largo plazos, es relativamente ajeno a ellos. En general, los programas son aplicados, de manera vertical, hacia el mundo de los pobres sin surgir de ellos; sin un conocimiento a profundidad sobre sus necesidades reales, sin planificación estratégica de la población a la que se dirigen. Empíricamente, se ha distinguido entre créditos individuales y solidarios y entre bancos comunales y asociaciones de informales. Sin embargo, los sentimientos, la cultura y las aspiraciones de los pobres son tierra ignota, como también lo indica la continuidad de los relativos fracasos de los programas dirigidos a los grupos más vulnerables: menores, niños, desplazados, mutilados, exsoldados y exguerrilleros licenciados.

La imposición desde arriba explica también la ausencia de un contexto jurídico administrativo apropiado. La reacción común de los ejecutores de los programas es cerrar los ojos ante las contradicciones y los conflictos encontrados en el camino. Existen asociaciones de informales de los dueños de las microempresas. ¿Hay que formalizarlas o no? Falta un apoyo sustancial para promover el desarrollo del potencial organizativo del sector informal. Quizás el único país del que se tiene noticia, donde surgió una gama variada de informales organizados, entre los cuales la mayoría son mujeres, es El Salvador.[16] En este país los informales crecieron contra corriente, absteniéndose de los esfuerzos gubernamentales y fuera de la influencia y de la cooptación de los partidos y movimientos políticos de la derecha, del centro y de la izquierda. La iniciativa de los programas centroamericanos tendiente a unificar las orga-

[16] Entrevista de Dirk Kruijt con el señor José Armando Naves Panameño, presidente de la Asociación de Comerciantes Tradicionales de San Salvador (Actrass) y presidente de un movimiento que representa –según declaraciones de la mesa directiva– a una parte sustancial de los 16 000 comerciantes de San Salvador.

nizaciones existentes es loable.[17] Sin embargo, nadie sabe hasta la fecha cómo estimular un movimiento autónomo de los informales sin cooptación o control desde arriba.

Por otra parte, en algunos países las mujeres no pueden ser sujetos de crédito. No existe ninguna propuesta de ley para fomentar el crecimiento o reconocer la existencia de grupos solidarios o de bancos comunales. En la mayoría de los programas está ausente cualquier propuesta para formar un paquete mínimo de seguridad social.[18] Sin embargo, hay que señalar que en algunos programas privados o auspiciados por el gobierno se experimenta con un sistema de seguro de vida junto al crédito.

Un tercer interrogante es el de la vida institucional de los programas. En el caso de los iniciados o auspiciados por los gobiernos nacionales, existe el riesgo de que nazcan, crezcan, se consoliden, enve-

[17] En marzo y abril de 1992 se reunieron en Tegucigalpa, Honduras, 11 asociaciones de microempresarios centroamericanos, convocadas por algunos de los programas nacionales y varios donantes. La memoria de esta conferencia se publicó como Memoria de la Primera Conferencia Centroamericana de Microempresarios "El desarrollo de la asociación y la autoayuda de los microempresarios en Centroamérica", Tegucigalpa, Fondo Hondureño de Inversión Social/OIT/PNUD/Cooperación Internacional de los Países Bajos, enero de 1993.

[18] Para una discusión, véase Carmelo Mesa Lago, *La seguridad social en el sector social*, Santiago de Chile, PREALC, 1992 (Serie Investigaciones sobre Empleo, núm. 32).

jezcan y mueran con el ciclo del gobierno, especialmente, con el periodo presidencial. El fuerte apoyo que se brinda a estos programas en México, Guatemala, Honduras y Perú es un arma de doble filo, de gran ventaja durante los años del poder, de desventaja cuando entra el siguiente gobierno. ¿Hay que apostar entonces en el sector privado? No necesariamente, éste es ajeno a cualquier vocación normativa. Existe cierta convergencia sobre el modo de ejecución, de manera desburocratizada, descentralizada, rápida y apolítica. Probablemente el sector público no es el mejor ejecutor; en todos los casos exitosos de intervención apoyados por los gobiernos, se han creado instituciones flexibles y especializadas. No puede librarse al Estado de la responsabilidad directa de la lucha contra la pobreza. Compete a los gobiernos nacionales por lo menos la coordinación, la formulación de las políticas y la búsqueda de un financiamiento sustancial, de fondos internos y externos. Finalmente, como consuelo para quienes lamentan la desaparición del banco CCC en Perú y la reducción de los programas de IDESI (Perú) y SIMME (Guatemala), hay que subrayar la herencia que estas instituciones dejaron; el legado ha sido grande en tecnología exportada y en capacitación de nuevas instituciones. No cabe duda que en Perú y Guatemala existen programas de segunda generación, gracias a las tres organizaciones mencionadas.

Un punto negro es la gran dependencia de los programas de sus donantes. Con excepción de Costa Rica y de México, los programas nacionales, también los privados y locales, en casi toda América Latina, dependen de la buena voluntad de los donantes; muchas veces de uno principal. Quien dice donante puede confundirse quizás entre la institución y el personal. En la práctica, las casas matrices son pequeñas oficinas desde donde se canalizan los fondos. Algunas veces, dependen de los caprichos de un director, de la serenidad del funcionario; quizás la nueva directora de la subdivisión microempresarial del banco multilateral adquirió una preferencia absoluta por préstamos a través del Banco Central y la banca privada. El asesor, por el contrario, proporciona únicamente fondos a condición de que sean donados a bancos comunales a través de las ONG de la izquierda. El subdirector puede estar convencido de que los programas nacionales se preocupan demasiado por la pobreza y muy poco por el medio ambiente; exige garantías para el uso de 50% de los fondos en programas de reforestación. El representante exige un subprograma para la mujer campesina. Los principios éticos del administrador permiten sólo préstamos con garantía hipotecaria; como el donante contribuye con 12 millones de ecus, los funcionarios del programa nacional van a estar de acuerdo..., etcétera.

La coordinación entre donantes sobre los programas en el sector informal es ahora más factible que hace algunos años; pero esta concertación requiere una capacidad y una autoridad formidables de negociación, generalmente sólo conseguidas por las autoridades políticas superiores.

El último interrogante se refiere al significado real de estos programas. ¿Es una alternativa de desarrollo estructural incluyente a largo plazo o da simplemente un alivio momentáneo? ¿Significa una integración gradual de los informales o contribuye a dualidades económica, social y hasta legal? Nos inclinamos a reducir muchas de las pretensiones de los programas analizados a proporciones realistas. Por lo menos significan un alivio; postergan las consecuencias del problema de la pobreza masiva por unos años. Han reorientado el papel del Estado, enfatizando no solamente su función de árbitro legal, de contador público y de guardián del orden, sino también su potencial de catalizador de desarrollo y redistribuidor de la riqueza nacional según pautas elementales de justicia. No son, desde luego, una solución de fondo; pero bajo esa premisa no es posible dejar de hacer algo para acortar el abismo que separa la riqueza de la pobreza.

Este facsimilar de
*La utilidad de lo minúsculo.
Informalidad y microempresa en México,
Centroamérica y los países andinos*
es propiedad de El Colegio de México y
se terminó de imprimir en Librántida
bajo el modelo de distribución bajo
demanda. www.librantida.com

Made in the USA
Monee, IL
16 September 2026

63296738R00113